*Your wish will come true*

開業資金**7万円**から始める

# ラグジュアリーサロンのつくり方

内田 露美奈
*Romina Uchida*

マネジメント社

# プロローグ —— お家サロンをつくりたい！

この本を手に取っていただき、ありがとうございます。

〝お家エステサロン〟のオーナーをしている内田露美奈（ロミナ）と申します。

２０１１年６月３日、私は開業資金７万円で、自宅賃貸マンションの一室に「アーユルヴェーダホームサロンCuti《チュティ》」というお家エステサロンをオープンしました。

その後、着々とお客様を増やし、半年後には月商１００万円を達成。１年経たずして３か月先まで予約の取れないサロンへ急成長。今日まで常に売上は右肩上がりで、お家サロンとしては考えられないくらいに大きな収入を得ています。

しかも、３人の子育てをしながらのサロン経営です。この間、妊娠、出産という難局を乗り越え、ここまでやってきました。夫も私の仕事を全力で応援してくれますし、子どもたちも将来はママのようなエステティシャンになりたいと憧れてくれています。家族全員が私の応援団なのです。

好きなお客様に囲まれ、仕事と遊びの垣根のないこの理想の働き方は、手放すことのできない私の生きがいそのものです。

そして今は、サロンプロフェッショナルアカデミー（以下、ＳＰＡ）という教室で、開業資金７万円からラグジュアリーサロンを開く方法をお伝えしています。

私がお教えするラグジュアリーサロンの定義とは、

1. 売上が月１００万円以上
2. １日のお客様は２名様まで
3. 安売りをしない
4. ゆったりとした時間をご提供する
5. 好きなお客様しかいらっしゃらない
6. 五感を刺激して差し上げる

この６つです。

この方針を貫いてやってきて、いろいろなうれしいことがありました。

●口コミでお客様が集まるようになり、集客にかける広告費がほぼゼロに。
●子どもたちから「これに挑戦したい！」と言われても、金銭面で躊躇せず、積極的に応援できるように。
●常連様の満足度がアップ！　利用頻度が増え、関係も密になって楽しい日々に。
●クレーマーのようなお客様が来なくなり、素敵な方としか出会わない幸せな日々に。
●エステと言えばロミナというブランド力が高まり、親しい友人からも選ばれるように。
●マイホームを建て、サロンをリニューアルオープン。イチから理想の自宅併用サロンを作り、引っ越しし、３人目を出産。リニューアルオープン、上の子の卒園、入学などの夢が同時期にすべて叶う。
●ＴＶ取材がコネなしで舞い込み、自宅であってもセレブサロンというブランドを確立。

そして、スクール生さんたちからは、
●新規顧客が7倍になりました！
●月の売上が、３万から１００万円以上になりました！
●０から技術を学び、私の人生で大きな転機となりました！「お家サロンで成功したらこんな素敵な未来が待ってるよ」って見せてくれたロミナ先生に感謝しています。
●オープン前から有名人がモニターコースを受けに来てくれました！
●オープン前なのにイベントに引っ張りだこです♡
●ロミナさんと出会えて人生が変わりました！
●「週末起業」「顔出しなし」「サロンオープン前」なのに予約が入りました！
●私にとってこのスクールは身近なパワースポットです!!
●私の向き合ってこなかった内面に触れる機会を与えてくださいました。
などなど、たくさんの嬉しい声をいただき、講師としても幸せな日々を送っています。


今はそんな状況ですが、起業し始めの頃、周りからかけられたセリフと言えば…

「趣味の延長でしょ？」

「子育て中には都合のいい働き方ね」

「好きなこととして子どもを保育園に預けてママ友とランチ？　いいわね」

「夫が高収入なんでしょ？」

というものばかり。

つまりは、趣味で好きなことをやっていて、夫が稼いできてくれるから〝起業ごっこ〟でお幸せね、っていう反応。ただ、これは――全く違います！

**お家サロンとは、狭いフィールドをお客様だけの完全オーダーメイドの空間に仕立てたものであり、それをつくり上げるためには確たるビジネスマインドと、プロ意識が必要なのです。**

すでにお家で起業をされている方で、
「お家サロンだから単価を下げなくちゃ…」
「お家サロンだからアットホーム感を出さなくちゃ…」
「お家サロンだからセールスしたら嫌われちゃう…」
「お家サロンだから自分の都合でお客様に予約変更も可能ね」

そんなふうに思っているとしたら、その価値観をひっくり返してほしいのです！

そして、あなたがまだお家サロンをオープンしていなくて、でも「いつか！」と思っているなら、よけいにそう思わないですぐにトライしてほしいのです！

お家サロンという狭いフィールドでも、大手サロンに負けない戦い方がある！　私はそのエッセンスを、この本を通してあなたに伝えたいのです。

私の過去を少しお話ししておきましょう。

私は複雑な家庭で育ちました。自分に自信がもてず、なんのために生きているのか見出せなかった辛い日々がありました。私には何もない。そう思って生きていました。

そんな私の人生を照らしてくれたのが〝エステティシャン〟という職業でした。

大手エステ会社に就職し、自分のやりがいを見出し、これが私の人生だ！と思った矢先、22歳でデキ婚。結婚が決まったタイミングで夫は無職という最悪の状況。妊娠していたので、そのまま勤め続けるのは難しい状態でした。その後、専業主婦を3年経験。小さな子どもを養っていかなければならず、子どものため、家庭のために生きなくては……という日々。

それでいて、40歳くらいになったらエステサロンをオープンさせたいという淡い夢を捨てることができず、1円でも安いスーパーのチラシを片手に、ベビーカーを押している毎日でした。

そんな平凡な主婦が、開業資金7万円を捻出し、ラグジュアリーサロンを開き、成功できたのです!

**本書は、お家サロンで結果を出すための、売れるお家サロンオーナーになるための、飛躍の種となる本です。**

開業資金7万円で、普通の主婦がいかにしてラグジュアリーサロンを開いたのか。どうやって発展させていったのか、成功の秘密はなんなのか、そのストーリーとノウハウ、テクニックを超実践できる形でお伝えしていく本です。

本書には、世の中のお母さんに豊かになっていただき、笑顔になることでその家族や家族に関わる人たちが幸せになれるループを作りたい――そんな私の熱い思いが込められています。

私ができたのですから、あなたにも必ずできるはずです。最後までお読みいただけたら幸いです。

もくじ◎開業資金7万円から始めるラグジュアリーサロンのつくり方



## 第1章 開業初日からいきなり満席で始めるための8つの準備

## 第2章 開業資金7万円の秘密



## 第3章 開業初日から満席で始めるサロンの行動パターン

## 第4章 予約を3か月先まで満席にする極意

## 第5章　長く愛されるサロンになるための価格設定

# 第1章

# 開業初日から
# いきなり満席で始めるための
# 8つの準備

プロローグでお話したように、〝お家サロン〟とは、狭いフィールドをお客様だけの完全オーダーメイドの空間に仕立てたものです。それをつくり上げるためには明確なビジネスマインドとプロとしての意識の持ちようが必要です。

第1章ではその準備段階として、お家サロンに向き合うためのモチベーションづくり、身につけたいマインドについて、次の〝8つの準備〟からお話していきましょう。

①クリアすべき「成功ハードル」と向き合う
②過去の自分と向き合う
③自分自身を見つめ、愛する
④バーチャルゲームをやってみる
⑤過去へタイムトリップする
⑥ラグジュアリー感覚を身につける
⑦自分の弱みを直視する
⑧自分だけのメンターを探す

# 1 クリアすべき「成功ハードル」と向き合う

あなたの「未来のサロン」が成功するかどうかが、今のあなたにとっての「大切な人との関係」でわかると言ったら、あなたは、信じますか？

私自身、３か月でラグジュアリーサロンを作った経験と、さらにＳＰＡ生たちが開業し、成功していく過程から、成功するには共通するとっても重要な、かつクリアすべき「成功ハードル」というものがあることに気づいています。

それは、**あなたとあなたの「大切な人」との関係性です。**

ストレートにお聞きしますね。現在あなたは、パートナー、もしくは子ども、身近な人に対して、何かモヤモヤとした感情、不満を抱え、生活していませんか？

## ドキッとしましたか？

もしもあなたが現在そうならば、あなたの未来のサロン経営は必ず破綻します。サロンが生き残ったとしても、家庭が破綻するでしょう。もしくは、あなたの心が破綻し、本当に好きな仕事にもパッションを感じなくなってしまうでしょう。

なぜそんなことが言えるのか、ですか？

私は、いわゆる月商7桁を達成したときに、経済的自由を手に入れたはずでしたが、家事、育児の役割をほぼ100パーセント担っていました。そして、夫への不満がMAXという状態でした。

仕事が終わるとクタクタ。仕事にエネルギーのすべてを注いでいたため、家庭では笑顔になれず、子どもたちにもイライラし、疲れ切っていました。家族の笑顔もだんだんと消え、「いったい何のためにこんなに頑張っているのだろう？」と、疑問に思う日々。

## もう限界！

そこで、家庭の幸せと仕事の幸せ、どちらも手にしたいと決めた私がとった行動は、**〝自分を知ること〟**でした。

自分を知ることによって、自分の中で他人のせいにしていたすべての要因が、実は自分の中にあるものであると気づき、過去のトラウマやコンプレックスを一気に解消することができたのです！

あなたがもし今、お家サロンを軌道に乗せたい、もしくは何かビジネスと家庭の幸せを両立させたいと願っているとしたら、これは絶対に知っていたほうがいい成功ハードルだと思っています。

## 自分のトリセツをつくってみよう

自分を知るということの大切さは計り知れません。自分を知るという作業は、自分が何に喜び、何に不快を感じるのかを知ること。つまりは「自分の取扱説明書＝トリセツ」を作成することなのです。

「自分のトリセツ」を知っていれば、気分が落ちたときに、他人に頼らずとも自分で自分をご機嫌にすることができます。

そうは言っても、そんなにうまく自分の気持ちをコントロールすることなんてできない、そんなふうに思われるかもしれませんが、これはある意味、ビジネスに直結することです。

あなたが、開業資金7万円でラグジュアリーサロンを開き、経営を軌道に乗せたいのなら、必ずクリアしなければならないハードルなのです。

パートナーシップすらうまくいっていないサロンに未来はありません。

あなたが今、大切な人との関係性を諦めるとしたら、今後のお客様との関係性も諦めればいいと思っているのと同じことなのです。


**嫌ですよね？**

**どちらも欲しいですよね？**


では、諦めないためにはどうすればいいのでしょうか？

実は私も離婚危機にまで陥り、もう修復不可能とまで思っていましたが、今では絵に描いたようなパートナーシップを築けているのですから、あなたにも必ずできるはずです！

## まだ不安ですか？

では、あなたがパートナーや周りの人から全力で応援されて、何をするにも不安なく始められる素敵な状態を作り、開業資金7万円でラグジュアリーサロンを開くための第一歩として、次ページのワークを実行してみましょう。


いくつ書けましたか？

心の中でまだ燻《くすぶ》っているものはありませんか？

自分の欲望をさらけ出すということは、とても勇気のいることです。

けれども自分の欲望を書き出すことで、自分を知ることができます。自分を知ることで、あなたとあなたの「大切な人」との関係性が見えてきます。

開業資金7万円でラグジュアリーサロンを開くためには、まず「自分のトリセツ」をつくることが最初の準備になります。

**ワーク❶**：あなたの欲望を素直に、できるだけたくさん書き出してください（誰も見ませんから、素直に、自由に書いてみてくださいね）。できれば100個目指しましょう。

例：○○○がしたい、○○○が欲しい、○○○になりたい…等、手帳やノートなどを用意して書いてみましょう。

- 
- 
- 
- 
- 
- 
- 
- 
- 
- 
- 
- 
- 
- 
- 
- 
- 
- 

## 2 過去の自分と向き合う

もしあなたが、サロンをオープンしても1週間や1か月では軌道には乗らないだろうと思っているとしたら、サロンオーナーになるのは今すぐにやめたほうがいいです。
なぜなら、開業3日目で満員御礼サロンを作ることは可能だからです。

ここであなたに質問です。
お客様は、いったいあなたのどこに惹かれてサロンに来店してくださると思いますか？

- 凄腕のオーナーだから？
- 美しいオーナーだから？
- 有名なオーナーだから？
- 著名人を何人も施術しているから？

もちろんそれもあると思いますが、人は、**その人のストーリーに共感するのです。**

そして、ファンになります。

開業初日からあなたのファンがいるとしたら、どうでしょうか？

私は実は自分の過去を「暗黒時代のストーリー」としてブログに掲載しているのですが、それを見て、「ロミナさんに会ってみたかった」と、セッションのお申し込みが入ることが多いのです。ぜひブログから確認してみてくださいね！

だからこそ、開業を決めたあなたにまず、やってほしいのです。

え、何を？　それは、

**未完成でも、自信がなくても今の自分をブログに出し続ける。**


それだけです。

これをすることで、あなたを応援してくれる人が増え、未来のファンが増えていきます。

いやいや、それとサロン経営をうまくいかせることに何か関係があるの？　と目が〝？〟になるでしょうが、これが大ありなのです。

私はお家サロン起業時、大手のときと同じ手法で、マニュアルに従って経営を進めていました。せっかく自分の自由にできるお家サロンなのに、わざわざ自分で自分をがんじがらめにし、たくさんのルールを作っていました。

例えば、次のようなことです。

「予約の入っていない日に、自分が好きなことをしている投稿は載せない」

「週休1日。予約を取ってから、自分の予定を決める」

ある意味でそれは起業初期に必要なガッツだったのかもしれませんが、自分が本当にどうしたいか？　なんて1ミクロンも考えることをしなかったのです。そして、1日が終わると、「自分ができなかったことの反省会」をしていました。

毎日自分を否定して、どんなに売上がたっても、どんなに家事を頑張っても、自分を褒めることはしませんでした。

でも、どうすれば、今のあるがままの自分を愛することができるのでしょうか？

それは、

**過去の自分と向き合うということ＝自分を愛するということ**です。

人は嫌だった思い出をそっと大事に胸にしまっているものです。けれども、ずっと胸にしまっていることで、いつの間にか自分が何に喜び、何に感動するか、何に心奪われるのかがわからなくなるのです。

これらは、「自分のトリセツ」を作るうえで最も重要な要因になります。これがわからなければ、自分を「取り扱う」ことなんてできませんから。

それは、ロミナさんだからできることでしょ？　そんな声が聞こえてきそうですね。

## ●自分の感情を取り出し、供養する

実は、私はもともと自分への自信がない人でした。自己肯定感が低い状態だったので、ちゃんとした技術があっても、価格を上げることに抵抗がありました。自信もなかったんです。けれども現実には、低価格での経営は大変でした。

「ああ、もう嫌だ！　好きなお客様だけでいっぱいにしたい。もう、値引きを要求するようなお客様は嫌だ」

そう思ったときに、気づいたのです。

**あっ、自分の自信のなさは過去の体験からきているんだ。**

過去の悲しい思い出を振り返っては、環境に不満を持ち、現状に不満を持ち続けるから「今」があるんだ、って。

そこで、自分の感情を2年かけて掘り下げ、一つひとつ思い出し、その感情を取り出し、供養していきました。

《供養の方法》
①嫌な思い出からあなたの感情を取り出します。それは、悲しい、辛い、わかってほしいなど、どんなものでもかまいません。
②自分自身で「ああ、私あのとき、悲しかったんだな。辛いって思ってたんだな。わかってほしい自分がいたんだな」、そう思います。

これだけです。何かモヤモヤする出来事が起きたときに、その感情は何なのか、過去から来ているものなのかと考えて、自分自身の中にその感情があることを認めます。認めるだけです。反省はしなくていいんです。

私の両親は私が3歳の頃に離婚し、母が父の元へ私を一度置いていってしまいました。その事実は小学生の頃に祖母に聞いたのですが、それはもうショックで、世界がガラガラと崩れていくようでした。母に愛されていると思っていた私は、すっかり自信をなくし、自己肯定感の低い人間へと成長していったのです。

ここで、2つ目のワークをしましょう。

悲しかったことを思い出して書き出してください。

私は、このワークで、「母に捨てられたことがある」という言葉を絞り出しました。ずいぶん長い時間がかかりました。でも、その言葉さえ絞り出せたら、後は認めるだけでいいことを知りました。

このワークをすると、辛さに大小はないことがわかります。

私は長い間、何か悲しい出来事があると、同じ地球上にはもっと悲しくて辛い思いをしている人がいるから、と自分の悲しみをごまかし続けてきました。でも、それでは自分の悲しみは癒えず、大人になっても燃えかすのように残ってしまうのです。

**ワーク❷**：あなたの“悲しかったこと”を思い出して書き出してください（誰も見ませんから、素直に、自由に書いてみてくださいね）。

例：○○○したことがとても残念だった、○○○で悔しい思いをした、○○○は今でも忘れられない…等、手帳やノートなどを用意して書いてみましょう。

-
-
-
-
-
-
-
-
-
-
-
-
-
-
-
-
-

これは私自身が実感しているから言えるのです。兄弟間であったちょっとした諍《いさか》いや親からの差別、小さい頃に人前で恥ずかしい思いをした。そんな些細なことからも、自分の気持ちは導き出せます。

そういう小さな感情こそ宝なのですから、取り出し、供養してあげることが、揺るぎないマインドを作っていくことになるのです。

意外でしょうが、**この自分を愛することこそ、開業初日から満席になるサロンへのクリアすべき「本当のハードル」**なのです。

自分を愛せなければ、お客様は愛せません。その気持ちはストレートにお客様に伝わるので、「ラグジュアリー」からどんどん離れていってしまうんです。

ただし、これだけだと自分を愛することはできません。

あなたが真にお客様に愛され、好きな人で満員御礼になるラグジュアリーサロンを開きたいと思っているなら、やっておかなければいけないもっと深い「内面の準備」があります。

では、次の3つ目の準備に進みましょう。

# 3 自分自身を見つめ、愛する

実は3つ目の準備は、起業をしてもしなくても、長い人生において、ここをおさえるだけで、どんな難関やクレームも乗り越えられる、スーパースキルともいうべきものです。

それを超えた私だからこそ、声を大にして伝えます。

**あなたには今、パートナーと呼べる人がいますか？**

夫でも、仕事相手でも、彼氏でも、身近な大切な存在でかまいません。いちばん身近な人に感じる感情にこそ、大きな飛躍のキッカケが隠れているものです。

そのパートナーについて、今、あなたはどんな感情を抱いているでしょうか？

もし夫の育児に不満があるのなら、毎日出てくる感情を取り出し、向き合ってみましょう。

- 子どもが小さいから仕方ないけど、子どもたちが私にべったりなのをいいことに、ちっとも育児をしてくれない。
- いつもいいとこ取りで、少し遊んだらすぐ終了。
- それで育メンとか言われたらたまんないわ。

ちょっぴりリアリティがあるのは、昔の我が家の姿だからです（笑）。
次に、この感情を細かくしていきましょう。

その1　育児をすべて任されている自分が大変で責任が重い。
その2　育児をやってくれない夫に腹が立つ。
その3　育児の大変さを共有してほしい。
その4　私も自分の時間を持ちたい。

もうおわかりですね。

あなたの感情は、

- 夫に自分の大変さをわかってほしい。
- 共有してほしい。
- 夫のいいとこ取り育児が羨ましい。

と、いうことになるわけです。

もしかしたらそのモヤモヤとした感情は、夫の「いつもありがとう」という言葉で消えてしまうのかもしれませんし、「たまには育児から離れて自分の時間を楽しんでおいでよ」という気遣いで満足するのかもしれない、ですよね。

でも…人生そんなにうまくはいかない（笑）。

## 自分を愛することは、相手を愛することと同じ

一つ言えることは、**相手はいつでも自分の鏡**だということです。

自分にモヤモヤと不満があるときは、相手も自分に対し、似たような不満を持っていることが多いのです。

- いつも遅くまで働いているのに、頑張りを認めてもらえない。
- 休日くらいゆっくりしたいのに、いたわってもらえない。
- 俺よりも子どものことばっかりだな。
- そして、夫婦はすれ違い……。

みたいなよくありがちな離婚パターンです。

あ、ちょっと行き過ぎましたね（笑）。

ここで、手っ取り早い方法として、本章の❶に則って「自分のトリセツ」を思い出しましょう。

そして次には、本章の❷でお話しした「自分と向き合う」ことが大切になってきます。

自分を愛するということは結局、相手を愛することと同じということ。つまりは自分自身を理解し、愛することで、パートナーともうまくいく！　ということなのです。

**まずは誰でもない自分が、自分自身を認め、自分を気遣ってあげます。**

自分がいちばん喜ぶことは何なのか。

それは、寝る前に反省会をして自分を責めることでも、まだまだ！　と、自分を追い込むことでもないのです。

やるべきことは、〝**自分を喜ばせてあげること**〟なのです。

自分を喜ばせることが、お客さまを喜ばせることになり、結果として満席のお家サロンになるのです。

ここでは、たっぷりと自分を気遣ってあげましょう。

## ♥ロミナ語録❶

- □相手のことよりも、まず自分と向き合い、自分の欲を知る！
- □自分のトリセツを作成することで、サロン経営もうまくいく。
- □モヤモヤとした感情が生まれたときこそチャンス！
- □供養し続けること＝自分を認めること＝自分を愛すること
- □自分のことを自分自身が誰よりも知っておくこと！ そして、誰よりも自分を認めること！

# 4 バーチャルゲームをやってみる

まだよくわからないかもしれませんね。私もここに到達するまでが大変でしたから。

あなたがもし、パートナーに対してのモヤモヤを抱えながら今後のビジネスを展開しようとしているとしたら、それは、

**〝立つことのできない砂地に家を建てようとするのと同じ〟**です。


どんなに大きな城を建てようと、どんなに素敵な宮殿を建てようと、すぐに崩れてしまいます。

だからこそ、土台はしっかり固めましょう！

そうしなければ、土台を固めずに挑んだ起業の先に待っている未来のお客様は、

「あなたから説明を受けた商品、〇〇のほうが安かったから買っちゃった！　でも、使い方は教えて！」と、平気で言ってきたり、

「もっと安くならない？　他はこう言ったら安くしてくれたのよ」と、平然と値切ってくるお客様ばかりになります。

きっとそのとき、素直なあなたはこう思ってしまうでしょう。

「やっぱり、自分の技術がまだまだだから、こういうお客様が来ちゃうんだな！　もっと別のスキルを学びにいこう！」

そしてこう勘違いしてしまいます。

「やっぱり安くないと人って来てくれないんだな…。もっとキャンペーンを打って安売りすれば、もっともっと新規のお客様が呼べるかも」

その負のループに乗ってしまったら、こんな地獄が待っています。

- **顧客単価は下がるばかり**
- **お客様に言われるがままの辛い経営**
- **学びに投資しまくってインプット貧乏→学ビンボーと言います**（笑）。

そして、新コースはどんどん増え、アロママッサージに、痩身エステ、エンダモロジーの機械、フォトフラッシュ、脱毛、オラクルカード、タロットカード、メモリーオイル。しまいには、「人生相談をしながら手相も見ますよ♡ 今月のオススメはこのセルライトマッサージジェルです」……

と、いったい何屋かわからない状態になるでしょう…。

そうです。

**今のあなた自身をあなたが認めなければ、お客様にも認めてもらえないのです。**

不思議なことに、あなたが自分を気遣って自分を認めると、自然と周りも、お客様もそのままのあなたを認めてくれるようになります。

## ●相手との関係が絶対うまくいく！ 幸せの「方程式」

かつて私は、夫に対し、腹わたが煮えくり返る思いでいたことがありました。家事も育児もお家サロンを始める前と同じように私がすべてを担っていると、夫に感謝を述べることができず、毎日イライラしていました。

しかし、面白いことに、かろうじて夫婦仲が良いと思われる日に限って、仕事がうまくいく！　という「方程式」を見つけてしまったのです。

その方程式とは、

**バーチャルゲームで幸せをつかむこと！**

具体的には、「バーチャルでいいから、どんな行動も自分のパートナーがすべて自分を想ってくれてしている行動と思い込む」です。

これを実施したことで、我が家の夫は、それまでお湯も沸かせなかったのに、今ではアヒージョを作るようになり、日曜日は私が寝ている間に、子どもたちと遊びにいったり、家事をしてくれたりと、私の仕事を全力で応援してくれるようになったのです！

え、そんな方法あるの？　信じられない？

ならば、早速、ワークしましょう！

## ワーク❸：バーチャルゲームで幸せをつかもう！

〈例１〉

夫が感じ悪く帰ってきた

↓

私はこう思う：疲れているけど、私も疲れているから悪いなって思って、あえて疲れたといわず、無理して隠してくれているのだな、私のために。

〈例２〉

夫が何もしてくれない

↓

私はこう思う：自分が手を出しては効率が悪いかもしれないとあえて手を出さずに見守っているんだな、私のために。

今、「それ、無理でしょ…」って思わず声に出しませんでしたか？

わかります！

私もこの方法を見つけたときには、絶対無理！ やりたくない！ って思いましたから。もちろん数回やったくらいでは効果はなく、無駄にストレスが溜まってしまい、やるんじゃなかった、とも思いました。

けれども、バーチャルゲームを続けて1か月が経過したくらいでしょうか。みるみる現実が動き始めたのです。急に夫が、掃除機をかけてくれたり、子どもたちに積極的に関わろうとするようになったのです。

私は何が起こっているのかとびっくりしましたが…。

**夫のことを、「私のことを想ってくれる優しい夫である」と見たことで、今まで見逃していた優しさポイントを外すことなく見つけることができ、そしてそれに対して自然に感謝の念が湧くようになったのです。**

今まで「イライラフィルター」越しに見ていたからこそ、そういう部分が見えず、すべてイライラポイントに変わっていたのだと気づきました。

**パートナーは鏡なのです。**


あのときのバーチャルゲームなくして、今のパートナーシップはありえません。

私の夫にはまったくいいところがない！　なんていう人、本当にそうでしょうか？

もしかしたら自分に都合の良いフィルターがかかっているだけかもしれません。イライラすることをパートナーのせいにするのは簡単ですが、たいていは自分の中に潜んでいる問題をパートナーが映し出して（鏡になって）くれているものなのです。


では、なぜそのような現状をパートナーが映し出してしまうのか。

その原因はどこからきているのか。

開業初日から満席で始まるサロンオーナーになるためには、自分自身を知ることが大事だとしたら、自分自身のその根本はいったいどこで作られてきたのか。

そんなあなたの本質を知るために、次はあなたの過去へタイムトリップしていきましょう。

# 5 過去へタイムトリップする

「フツーはこうだよね」

誰もが一度は口に出したことがある言葉だと思います。普通（フツー）というのはその個人の価値観を表し、標準値であり、正義なのです。

でも…それって本当にフツーなのでしょうか？

例えば、ほとんどの日本人は毎日歯を磨く習慣があると思いますが、ある民族は生まれてから一度も歯を磨くことなく一生を終えるというのです。虫歯になって歯が抜け落ちようが笑顔。そして虫歯にもなりにくいのだそうです。

日本で、小学生がピアスの穴を空けていたら、なんだか親が元ヤンキーか何かかと想像してしまいそうですが、海外では生まれてすぐの子どもにピアスをつける国もあります。

結局、何がフツーかの基準っていうものはなく、フツーと思っているその事柄こそ、あなたが勝手に決めた正義なのです。

では、その正義はいつ作られたのか。それは幼い頃にだいたいたい作られていると言われています。

女性はマインドによって大きくやる気と気持ちがブレるものです。

自分の正義と違う！　と感じるとブレブレになり、集中できなくなるのです。

私もかつてはそうでした。

自分への自信がなく、自己肯定感の低い状態では、ちゃんとした技術があっても、価格を上げることに抵抗がありました。

私はサロンを好きなお客様でいっぱいにしたい。もう、値引きを要求するようなお客様は嫌だ。そう思ったときにわかったのです。

なぜ嫌なお客様ばかり、来てほしくないお客様ばかり来るのか。それは自分に自信がないからでした。

そして自分の自信のなさの要因は、過去からきていました。過去に囚われていたのです。

このままでは、いつまでも過去の悲しい自分を思い出しては、いまの不幸を過去のせいにして、現状に不満を持ち続けてしまう。不満な状況が続いてしまう。

過去へタイムトリップすると、自分の正義のルーツを知ることができ、根底にあった種を知ることができます。

知ることができると、相手の種とリンクさせることができ、お客様目線の視野に立てるので、オーナーとしての視野を広げることができるのです。

**繁盛店、リピート率90％の秘密がここにあります。**

それは、過去にタイムトリップして自分の感情を知り、自分の「快」と「不快」がわかるようになれば、究極のお客様目線になれる、ということだからです。

うまくいく自宅サロンオーナーの条件とは、「**お客様とともに感情的に成長できる人**」。

私はこのタイムトリップを繰り返すことで、今では、過去にまったく反応することがなくなり、嫉妬心や、人のせいにするということが本当になくなりました。

## ♥ロミナ語録❷

- □すべては思い込みでできている。
- □都合の良い思い込みをして、バーチャルを使ってパートナーと仲良くなろう！
- □過去へのタイムトリップで、自分のフツーを作り上げたルーツを知る。
- □掘り下げることで、究極のお客様目線で見られるオーナーになれる。

# 6 ラグジュアリー感覚を身につける

さあ、いよいよあなたの内面は、ラグジュアリーサロンオープンに向けて整ってきました。

でも、まだできていない準備があります。

あなたが、開業資金7万円でラグジュアリーサロンを開き、あなたが提案したコースや商品を何の迷いも疑いもなく、「あなたがオススメしてくれるのなら！」と笑顔で聞いてくださるお客様に囲まれたいと思っているのなら、次のことを実践してください。


**お客様に自宅サロンで体感してもらいたいことを、自分で体験する。**

そうです。つまり、

**「実際にラグジュアリーな場に身を置くべし」**と伝えたいのです。

お家サロンを始めよう！　と意気揚々と思いたった場合にありがちな失敗パターンが、「近くのお家サロンを体験しにいこう」です。あなたが体験すべきなのは「近くのお家サロン」ではなく、「最高のラグジュアリー空間」なのです。

私はかつて、平凡な主婦でした。スーパーでは当然値引きシールがついたお肉を手にとるし、洋服もセールの棚に足が向きます。癖というのは当たり前のように染み付いて抜けないもので、自分の好き嫌いさえわからなくなっていました。それがあまりにも日常だから。

ただ、あるとき、ある人に、こんなミッションを課せられたのです。

**「高級な場に身を置きましょう。ロミナさん、似合うから大丈夫」と。**

その結果、私は初めてホテルのラウンジへ行くことになったのです。

すごく緊張する…少し背伸びをしたワンピースを着て、ラウンジに身を置いてみる。

「私って変に思われてないかな？」そんなふうに思ったほどでした。

最初は慣れない世界。けれど、時間が経つと、だんだんとそんな世界が当たり前になるから不思議です。自分の住む世界がレベルアップしたような、そんな気さえしてくるのです。

フランス料理を食べたことのない人にその美味しさはわからない。それを体験せずして、大手チェーンの牛丼が最高だというのと、5つ星フレンチを食してなお、牛丼が最高だというのは、全然意味が違うでしょう。

落ち着いたセレブリティなお客様をお客様にしたい！　と思っているのに、自分は何もせず、ただただ安売り肉を売っているのでは、「理想のお客様が何を考え、どういう空間に身を置きたいか」はわからないのです。


**自分の財布の中身で世の中の価値観を決めない。**

**お客様の財布の中身を決めつけることほど失礼なことはない。**


だからこそ、ラグジュアリー空間に慣れる！

それこそが、あなたのアドバイスを1から10まで素直に聞き、結果を出して喜んでくれるお客様が溢れかえるサロンになる条件なのです。

# 7 自分の弱みを直視する

あなたはお家サロンのエステチケットと、大手サロンのエステチケットのどちらかのチケットを無料でもらえるとしたら、どちらを選びますか？

そりゃ…大手サロンでしょ。

理由は、「ゴージャスで素敵そうだし、もてなしてもらえそうだから」ですか？

では、お家サロンvs大手サロンで、絶対にお家サロンが選ばれる構図があるとしたら何だと思いますか？

個人（少人数）vs多数のスタッフと、数では負けていますが…、そのオーナーのカラーが色濃く出るのは個人サロン！

サロンの名前ではなく、好みのエステメニュー、インテリアなど、そのサロンオーナーが集客に直結していることになります。

ということは、実際に個人的な短所も色濃く出るわけなのですが、**オーナー自身の短所を知ること**によって、それらを強みに変えられるのが個人サロンです。

## 短所は強みに変えられる

私はお家サロンをオープンしたときに、絶対に友人にセールスはしないと決めていました。友人から変な目で見られたくない。がめついやつだって思われたくないと、自分の見られ方ばかりを気にしていました。

でもあるとき、**これが実は自分の強みである、**と確信したのです。

小さいときに大人達の中で大人の顔色を伺いながら過ごした私は、太っていて容姿に自信がなく、肌もボロボロのアトピーでした。だから誰からも愛されない、そんなふうに思っていました。

けれども、今なら言えます。

容姿に自信がなかったからこそ、「美」に対して貪欲に勉強し、人に伝えられるようになれたのだと。数々の皮膚病に苦しんだからこそ、肌に悩むお客様の気持ちが手に取るようにわかる。そして、共感できるのです。

大人の中で自己主張せず、耳を傾け続けたからこそ、小さな仕草からも目の前の人がどのような気分なのか、何をしてほしいかがわかるようになりました。

その〝取り柄のようなもの〟はだいたい外すことはありませんし、人に好かれるタイプになれたと思っています。

人は、苦労した分だけ知恵をつけることができます。そして、それが強みになっていることが多いのです。

その強みとは、息を吸うくらい当たり前にしていることであり、すでに体に備わっている、いわば体の進化した部分と言えるでしょう。

だからこそ、どんなに辛くても、自分の過去と向き合い、自分が見たくない部分、人に触れてほしくない領域まで掘り下げ、供養できたとき、あなたのダークサイドがキラキラと輝く宝石になると、私は思うのです。

これは、ある意味で荒療治のようなものです。

競合を生み出さない高単価オーナーになるためにするのですから、落ち込まないと約束してください！

必ず過去から戻ってくると誓って、トライしてください。

高単価サロンオーナーになる条件とは、自分の今の武器で勝負をする視点を持っているということなのです。

# 8 自分だけのメンターを探す

あなたが今、エベレストに登ろうと思ったとして、準備も完璧、食料も防具も万全だったとしても、果たして山頂を目指して登れるでしょうか。

いささか、というより、かなり不安ですよね。

けれども、例えば、すでにエベレストに何度も登ったことがある人に直接指導を受け、経験を話してもらい、実際にガイドしてもらって一緒に登るとしたら？　何だか登れそうな気がしてきませんか。

あなたのサロンが、毎日予約の電話が鳴り止まないサロンになるために、その道で成功しているメンターを見つけることは、ある意味、登山でガイドをつけることと同じなのです。

私も、何人かのコーチにお世話になりました。

そのおかげで、今ではアカデミー生の過去へのタイムトリップをお手伝いできるようになりました。

## ●自分のステージにあったメンターを持つ

「自分のことは自分がいちばんよくわかっている」

そんなふうに言う人もいるかもしれませんが、自分の長所の発見や、ダメな部分を知るには、「他人と比較をしてこそ」です。

私が開業資金7万円でサロンをオープンし、利益を出して最初にしたことは、信じられるメンターと「コンサルタント契約をしたこと」です。

今では私も、アカデミー生を持ち、コンサルティングをしているわけですが、7年以上前の私は、ブログの読者申請の仕方、リンクの付け方、それすらわからない状態でした。

今は、インターネットが普及し、検索すれば何でも出てきますが、当時はガラケーの時代です。それこそ、お家でエステサロンをしている人を見つけることは皆無。検索ではノーヒットでした。

そこで、ブログのヒットワード、メニューを添削してくれるようなコンサルを見つけ、すぐに契約し、その方が言うことを忠実に、寝る間も惜しんで実行しました。

あの頃は、

●ブログ1日3投稿（現在は1日1投稿で十分）。
●読者申請は1日50件。
●テレビの健康、ダイエット系はすべて録画し、キーワード検索をして即投稿！
●お客様の声を必ずもらい、有料媒体の検索数を上げ、常に上位に持っていく。
●マイナス何センチ痩せがかなったなど、数値は大いにブログで盛り上げる！

などを毎日実行していました。

その結果が、理想のお客様ではなく、自分から「理想を合わせにいく集客」をすることにつながっていたのです。
このステージにおいて経験を積んだことは、いろいろなお客様を前にするという意味でも大成功だったといえるでしょう（ＳＰＡ生にも自分の体験として語れますので、スクール講師をしている今でもこの経験は私の宝です）。

私があえて起業初期の方におすすめしたいのは、

**自分に起業を教えてくれる先生を全力で信じろ！**


ということです。

ただ、自分のステージに合わないメンターをつけることは、例えば、まだアメブロすら書いたことがないのに、いきなり執筆活動をしろ！　というのと同じくらい難解なことなので気をつけてくださいね。

実は私も背伸びをして、ステージのだいぶ高いメンターをつけたときは、専門用語がわからず日本語が外国語のように感じるほどで、毎回、検索機能のお世話になっていました。その結果、自分のことを理解してもらうことが難しいのでは…と、別のコーチング要素の得意なメンターをつけたほどでした。

今では、あのときメンターが言っていたことをよく理解できるようになりましたが、早まって背伸びをすると、逆にスピードが落ちるので要注意です。

## メンターと同じことを忠実にやってみる

もう一点、注意したいのは、メンターによっていろいろなやり方があることです。

たまにクライアントから、「結局、どれが正解なのでしょう？」と聞かれることもあります。

実際には、**どれも正解**、なのです。

なぜなら、メンターが教えている成功パターンは、そのメンターが成功したパターンであり、**その再現性が高ければ高いほど、同じ結果が得られる**わけです。いかに「疑いを持たずにメンターと同じことをしたほうが成功率が上がるか」がわかりますよね。

自分が選んだコーチ、コンサルならなおさらです。まずはその人の言うことを１００％信じてやってみる。がむしゃらに寝る間も惜しんでやるのです。

そうすれば絶対に結果がついてくる。

そして、次のステップに進むことができるのです。

私はお家サロンでの集客を学び、次のステップで自分のガイド力をつけるコンサルに出会うことができました。

## ♥ロミナ語録❸

□気持ちがザワザワする場所、背伸びした場所を体験しよう！
その一歩が未来につながるから。

□短所を直視すれば強みに変えることができる。

□成長を加速させるメンターは、レベルアップしながら変えていく必要がある。

# 第2章

# 開業資金7万円の秘密

ここからは、「どうしたら繁盛サロンになれるか」をすべてをオープンに書いていくので、ぜひ瞬きすることも惜しみながら読んでいただきたいと思います。

起業本は、だいたいマインドの部分で終了ということが多いですね。なんかテンションが上がって、「よしやるぞ！」となっても、「じゃあ…何すればいいんだっけ？」と考えているうちに日が過ぎて、忘れていくものです。

じゃあ実際にやる気になったあなたが何をすればいいのか？　という行動の部分を徹底的にお伝えしていきたいと思います。

# 1 自前でサロンを借りなきゃいけないというのは嘘

サロンを開業するにあたって、「まず何をする？」って聞かれたら、あなたならどう答えますか？

- まず場所探し？
- 物件を見にいく？
- お金を借りられるか調べる…

なんて思いついた人もいるかもしれません。

もちろん業種にもよりますし、人を雇う、雇わないでも変わってくると思いますが、世間一般の起業について「ローリスク・ローリターン、ハイリスク・ハイリターン」、つまり、「大きな対価を得たければ、失うものも大きくなる」というイメージは、私はまったく違うと考えます。

私の場合は、

**「ローリスク・ハイリターン」**

もしくは、

**「ノーリスク・ハイリターン」**です。

### ●開業はノーリスクでできる

あなたに住む家があるのであれば、まずはそのスペース内でエステベッドが置けるスペース、仕事場になる場所はないかと考えるだけでＯＫです。

看板は基本的に出さず、医療行為などをしなければ、お家で開業はＯＫなのです。けれども、マンション規約によって「部外者の立ち入りを禁ずる！」などの場合は、管理者に確認をしましょう！


今はＷｅｂ、ＳＮＳの時代です。

「紙の時代は終わりつつある」と言うと「紙に文章を書いて出版している奴が何言っているんだ」と言われそうですが、今は昔のように高い広告費をかけて紙媒体に載せて集客できる時代ではなくなりつつあります。いろんなパーティに顔を出して名刺を配るような時代でも、もうないように感じています。

優秀な営業マンで例えるなら、月に一度訪れ、自社の話を2時間して、また1か月後に訪れる営業マンよりも、毎日5分でも顔を見せにくる営業マンのほうが好印象で、覚えてもらえるでしょう。

実は、それができるのがＳＮＳであり、フェイスブック（Facebook）であり、ブログなのです。しかも無料！　さらに、無制限で投稿ができるというから驚きです。

ＳＮＳは、

- 毎日投稿で自分の顔を出し、覚えてもらうことができる
- 自分の強みも存分に語ることができる

そして、あなたのために何ができるかを、全世界に伝えることができる優れものです。

情熱を文章に、投稿に乗せた分、反応が問い合わせや予約として返ってきます。

いわば、エネルギー交換のようなものなのです。

## 2 最初は無理のない予算投資から始めればいい

パン屋の開業費用――――1000万円
美容院の開業費用――――2000万円
お家サロンの開業費用――――7万円

さあ、あなたはどのリスクを取りますか？

あなたが、お金が有り余るほどあって、将来への不安が微塵もなく、むしろどんどんお金を使わないと困る！という方だったら、この7万円開業はおすすめしません。

でも、あなたが今、専業主婦やパートタイマーで、少しでも生活費を節約し、子どもの将来のために積み立てをしたり、1円でも安いスーパーを把握して日々頭を使いながらお金を使う人だったとしたら…。

## ●最低限の環境さえ整えればＯＫ！

〝自分の好き！〟を仕事にしようとしたときに、夫や家族に、

「私、好きなことを仕事にしたいから、開業費用１０００万円借りるね！」

とは、なかなか言い出しにくいでしょう。

でも、この7万円という費用は、私から言わせると「タネ銭」であり、最低限の環境を整えてオープンすることを目的とした金額なのです。

私は、ボディエステとフェイシャルエステのどちらも技術はあります。けれども、フェイシャルは基礎化粧品やその他の商材にお金がかかります。一方、ボディエステはこだわりのオイル1本、これだけで施術ができます。

私はそこに目をつけ、まずは痩身効果のでる「アーユルヴェーダサロン」としてサロンをオープンしました。

1か月目の収入は13万円。

**設備投資の7万円は、1か月目には回収できたのです！**

当時まだ下の1歳の子は保育園に預けておらず、開業1か月目は、予約が入るとママ友

に預ける、開業2か月目には、一時保育（月14日利用）に預ける、という状態でした。

そして、開業3か月目に、超敏感肌の私が安心して使用できる、世界特許を取得しているフェース化粧品との出会いがありました。

その商材は、化粧品業界では類のない世界特許取得の品質で、信頼のおけるフェイシャル商材であり、これを利用した新メニューとしてフェイシャルエステを導入したのです。

開業3か月目には、すでに14日の枠（一時保育所は月に14日以内しか預けられませんから…）を越えて予約が入ったため、保育園に入所することに。

そして、半年で月商7桁を達成！

1年経たずして、3か月先まで予約の取れないサロンになっていました。

**大切なのは、無理のない設備投資をすることです。**

最初から空間にこだわりすぎると、かえって燃え尽き症候群になるおそれがあります。

最初の空間で満足すると、人の成長は止まるのです。

どんどん素敵なサロンにするぞ！　という日々レベルアップの精神で臨みましょう。

♥ロミナ語録❹

□お家サロンを始めるのに、最初から完璧にする必要はない。

□まずはリスクを取らないお家サロンを始めよう！

□オーナーもサロンもだんだんレベルアップさせよう！

## 3 1週間あればオープンできる

さて、ここからは、私がいかにして「ラグジュアリーサロン」を作り上げていったかをお伝えしていきましょう！

現在は名古屋市に戸建てを構え、サロンとは玄関を分けた理想のラグジュアリーサロンをオープンしていますが、最初は、**駅から遠い、目印もまったくない、シャワー設備もない自宅賃貸マンションの6畳の1**室でエステサロンオーナーとしての起業人生をスタートさせました！

「どうやって1週間で開業準備をしたのですか？」

きっとあなたが聞きたいのはまずここでしょう。

開業届は？

複雑な行政手続きとか、税金手続きは？

実は私も、正直、大丈夫なのかなって思ったところでした。

しかし、〝思い立ったら吉日〟の私。そんなめんどうくさい手続きよりも、もうすでにお客様がいらっしゃっているイメージが湧いていて、今すぐお客様をお迎えしたい衝動に駆られたので…。

「小難しいことは…後でなんとでもなるだろう。行動ってやつは時として情熱のみが種となる」でした。

## 走りながら修正する！

実は面白いことに、後で答え合わせをすると、手続きは後からでも全然ＯＫだったんです。

開業届も自分が設定したい日にちで大丈夫だし、利益が０のときには確定申告の届出は必要ない、などを知りました。

これは税理士の先生にも確認済みの事項です！

とは言っても、やりながらも不安だったので、自分でもいろいろ調べましたよ。走りながら修正する！　これぞお家サロンの真骨頂！

極端な話、明日からでもお家サロンはオープンできちゃうわけです。

ただし、あなたが目指すサロンはラグジュアリーサロン。お客様をお迎えできる環境づくりをしてから、オープンすることをおすすめします。

私は最初、6畳の北部屋をサロンとしていましたが、施術によっては2畳スペースほどでできるものもあります。

骨盤マッサージやタイ古式マッサージなど、敷布団タイプでできるものは、自分の立ち位置が布団内に収まるので、このスペースで可能となります。

しかも、そういうタイプなら出張形態を取ることができます。出産後で動けない方、体が不自由な方など、お客様のターゲットも、世間一般サロンと違う方面にまで広げることができるようになるのです。

そういうお客様を喜ばせることができるのも強みになります。出張可能というだけで、お客様の幅は広がるのです。

# 4 お金をかけずにラグジュアリー空間を作り出す

築20年ほどの賃貸マンション、３ＬＤＫの北向きの部屋に、当時はダブルベッドを置いていました。下の子がまだ1歳だったので、子どもを真ん中にして、添い寝をしていました。

## ベッドをどけたらサロンになった！

この北部屋をサロンにしよう。

そう思いついた私が次に思ったのは、

「このダブルベッドが邪魔だな…」

ということ。

実は、私を起業に導いてくれたのは他でもない夫だったのですが、夫が言ってくれたという大義名分のもと、「この部屋をサロンにしたいからベッドを南の畳の部屋に移動していい？　というより移動してほしい」と、ほぼ命令。夫からしたら、俺は何てことをついうっかり言ってしまったんだろう状態だったでしょうね。

そしてダブルベッドは分解され、男二人がかりで、畳の部屋へお引越ししていきました。

次は照明だな…。

築20年のマンションのシーリングライトがダサい。

どう頑張っても、すべてのものを照らし尽くすシーリングライトは、ムードという言葉をかき消していました。

しかし、シーリングライトを消してしまえば北部屋サロンは真っ暗になってしまいます。

## ●ダサいシーリングライトを高級間接照明にする裏技

エステでは、お客様は仰向けの状態にもなります。目を開ければ…ダサいシーリングライト…。なんとかしなくては――

照明を買い換えればいいじゃない、と突っ込まれそうですが、何せ私の手元にはお金がなかったのです。開業資金をこれ以上増やすわけにはいかない。頭をひねりました。

ふらり、散歩に出かけた本屋で、あるアイディアを見つけたのです。

海外ホテルの雑誌を読み漁っていると、バリ島かどこかをイメージした一葉の写真。

**そうか！　布だ!!**

ダサいシーリングライトは、布で高級感のある間接照明へ変えられる！

ちょうどいいタイミングで本屋の数軒先に、カーテン屋さんがオープンの旗を掲げていました。私は目を疑いました。

「端切れ布100円」

これだ！

さて、この端切れをいったいどうしたと思いますか？

裁縫の苦手な私ですが、ミシンの直線縫いくらいはできます。2枚の端切れ200円を組み合わせ、ダーーーーーーっと直線縫い。

ダサいシーリングライトの上をその布で覆い、画びょうで固定。

このとき気をつけたいのが、布をたるませること。「まるでここはバリのヴィラ」的な、ちょっと高貴なイメージを施すのです。


さらに、洋雑誌で見た写真では、その布の中に何やら花が乗せられていて、それが透けていました。

そこで、バリ雑貨を扱うネットショップで小さなプルメリアの花を数個（1個20円）購入。布の上に浮かべれば、間接照明に映し出される美しい花照明のできあがりでした！


これは1章で述べた「**短所は反転すれば強みになる**」です。


幼い頃、私は祖母から多大な影響を受けて育ちました。

「正規の値段を出して買うやつはバカだ」

「必ず得をしろ」

〝ザ商売人〟の祖母のもとで、こんな英才教育を受けた私は、そもそも思考がケチであったのです。

しかし、ケチという短所は、時として、

「リスクを取らない、大敗しない」

「安いものを工夫して高価なものに見せることができる」

という強みに変わるのです。

そもそも物の価値とは、ほぼそのブランド力で決まります。エルメスやルイヴィトンが高価なのは、素材やデザインがめちゃくちゃいいということもありますが、ブランド力が価値として金額に乗っているからでしょう。

**これぞお家サロンのブランド力。**

お金をかけずにラグジュアリー空間を作り出すということなのです。

布の使い方をお話ししたついでに、突っ張り棒で夢を実現させたユニークなアカデミー生をご紹介しましょう。

Mさんは会社員をしながら、副業としてサロンオープンを目指していました。開業できる資金はないし、自宅にもスペースはないので、彼女が目をつけたのは「レンタルサロン」です。

今は便利な時代で、レンタルサロンやシェアサロンも増えていますが、予約のなかなか入らないオーナーさんが自分のサロンスペースを人に貸すという話も聞いたことがあります。探せばいろいろあるのです。

彼女はうれしそうに報告してくれました。

「先生！ レンタルスペースの囲いが、まさかの突っ張り棒を何本か使うという斬新な方法で作れたんです。これなら自宅でもできるかもって思えたので、いったん自宅でサロンオープンしてみます！」と。

突っ張り棒といえば、どこの100円均一でも売っている便利グッズ。

そこに布を貼り付ければ、個室ができる！

まさに、工夫の賜物です。

## ♥ロミナ語録 ❺

□迷っている時間があるなら即開業！

□お家サロンは走りながら軌道修正すればＯＫ！

□スペースは、家具の配置換えで何とでもなる！

□インテリアのヒントは、いつでもおしゃれな洋雑誌に。

□サロン経営では、頭の柔軟さと情報を自分に当てはめる想像力が肝！

# 5 プロは視線を意識して、その先を隠す

突然ですが、あなたのお部屋は常に片付いていますか？

私は恥ずかしながら、片付けが得意ではなく、高校時代は遊びにきた友人が絶句するほど部屋を散らかしていました。

そして、それが気にならない性格。両手を広げて物が取れる環境が最高に便利だと、本気で思っていました。

しかし、お家サロンをするにあたって部屋が散らかっているのは致命傷です。

なぜならば、生活感を出す一番の原因は、物が多く、片付いていないということだからなのです。

クライアントからも、「お家での開業は生活感が出てしまいそうで心配です」という悩みをよくいただきます。

では、１週間で、今まで散らかった部屋で生活をしていた人間が急に改心すると思いますか？

答えはノーです（笑）。

そこで重要になってくるのが、「**プロ意識**」です。

部屋が散らかっていることとプロ意識はまったくリンクしない、そんなふうに思われますよね。

しかし、例えば、あなたが飲食店でバイトをしているとしましょう。

出勤したあなたは、ホールの掃除機がけ、床拭き、水回りの掃除、トイレを入念にチェックし、トイレットペーパーを三角に折る、という当たり前のルーティンを何の疑いもなくすることでしょう。

そうです。プロ意識とは、

「**ルール化していること**」なのです。

あなたがビジネスとしてお家サロンを成功に導きたいのであれば、そのプロ意識はすべてに必須となります。

## ●どうしたら生活感を消せるか考える

あなたがお家サロンのスペースを決めたなら、もうそのスペースはあなたの職場です。トイレなどが家族とお客様との共有スペースだったとしても、子どもの〝おまる〟などをそのままにしたり、掛け算の学習ポスターをそのままにしたりしているのでは、すでにプロ意識に欠けていることになります。

飲食店に店主の子どものおまるや、掛け算ポスターが貼ってあるでしょうか?ないですよね。

ここまでしなくていいとは思いますが、私はお客様とトイレが共有だった頃、お客様がいる間は絶対にトイレに入らない（どうしてものときは、お客様が眠っているとき、ドアの音をまったく立てないようにする）、リビングへ通じるドアの先は、何としてもお客様の目にとまらないように、お客様の目線を確認するなど、お家サロンがお客様にとっての〝非日常〟であることを徹底的に意識していました。

でも、実態は…。一歩リビングに行けば夫の靴下が転がっていました。

そうです。見える範囲でいいのです（笑）。

**視覚効果を最大限に利用して、隠せるものはしっかり隠す！**

これが鉄則です。

小技になりますが、すりガラスの扉越しにうっすらと見えるリビングは、必ず電気を消していました。

そもそも、サロンにする部屋がない。リビングだとキッチンもあるし、生活感が丸見え。価格を安くするしか逃げ道がないように感じるという悩みはよく聞きます。

そんな方へ、私は声を大にして言いたいのです。

**価格を安くするために頭をひねる暇があるなら、その悩みのタネである生活感をどうしたら消せるか考えろ！**

視覚効果は人間の心理と結びついていると言われます。手前に気を惹くアイテムがあれば、その先をじっくり見ることはありません。

つまり、パーテーションや衝立、透けたカーテンなどの小物があれば、専門家でもない限り、その先の生活感のあるものをじっと見ることはない、ということです。

ましてや、エステ中は目を閉じていることがほとんど。

「私の世界観はこれです」と堂々と立つオーナーに対し、疑う者はいないのです。

逆に、変に恐縮してしまうと、そのサロンの魅力は半減してしまいます。

自分の不安から、自信のないセリフ、例えば「リビングですみません。散らかっていてすみません」などという言葉が出てしまったらどうでしょう。

でも、それは自分を安心させる言葉であり、まったく目の前のお客様のことを考えていない「プロ意識」に反する言葉なのです。

**生活感を消す魔法、それが「プロ意識」なのです。**

# 6 メニューと世界観は同じにする

今は古民家カフェや古民家雑貨店など、古民家に注目が集まっている時代です。

アカデミー生の中にも、最初マンションなどで場所を探していたけど、知り合いが「古民家を貸してくれる！」ということで、古民家エステオーナーとなった方がいます。

そこは、昔ながらの安心できる旅館のようなサロン。

彼女は地域でとれる地産地消のみかんなどの柑橘類を使ったエステメニューを取り入れています。レモンの皮などの香りが爽やかなフットバスで癒されて、その後にオイルマッサージのコース。

古民家というその地域に溶け込んだ佇まいのサロンで、素材まで地域のものにこだわった世界観が、お客様に人気です。

これが例えば、一見、自然派っぽい古民家エステサロンで「ラジオ波痩身！　脱毛サロン」など美容機器がメインのエステだと、せっかくの世界観が崩れてしまうと思うのです。

## ●自分だけの世界観にこだわる

メニューは世界観に忠実に掲げることが大切です。

仮にあなたがいろいろな技術を持っているオーナーだとしても、あれもこれもできますという謳い文句は、専門性に欠けており、世界観を崩す原因にしかなりません。

私も大手サロンで世界中のエステを学んだので、いろいろな技術を持っていますが、「痩身エステサロン、美顔サロン、リラクゼーションも得意です！　脱毛も始めました！」と打ち出したとしたら、なんだか単価の安そうなサロンを連想してしまいますよね？

けれども、「一度でマイナス5センチのくびれが構築される3D痩身サロン」なら、なんだか効果ありそうで、「スタイルを整えたい！」と願っている人は、多少高額でも受けたいと思うのではないでしょうか？

これは同じ施術をしていたとしても、「魅せ方」という世界観を守っているからこそなのです。

**「夢は知識」**

これは私の尊敬する方の言葉です。
人は見たこともないものをリアルに想像することはできません。
つまり、自分の経験、そして体験の中からしか夢は生まれません。

# 7 どんな事柄からも吸収する

これは常々私が思っていること。

私は、1分たりとも無駄な時間を過ごしたくない超合理的主義者である、と自負しています。

が、そんな生き方は窮屈で、イライラしか生みません。

じゃあどうしたらハッピーに生きられるのか？

**すべてを〝学び〟だと思うことです。**

例えば、初めてのサロンへ、自分がお客様として行ったとしましょう。

そこで、接客は最悪、技術も最悪、それなりの料金、二度と行きたくない！　そんな体験をしたとします。

でも、考え方次第では、この学びこそ宝であり、自分だったらこうする！　というお客様目線の学びに変わるのです。

これこそ〝**逆転の発想**〟です。

## ●最悪なサロンこそ、お金を払ってでも体験すべし

お金を損した!?　いいえ、まったく逆で、ありえないサロンに当たったことで、あなたは学びを得て、得をしたのです。

その不快を追求することで、お客様に最高のエンターテイメントを見せられるオーナーになれるからです。

例えば、とっても感じのいいサロン、技術もいい。

でも…、毎回、オーナーの服の紐が足裏にサワサワと触れて気持ち悪い。せっかくの施術もリラックスできない。何度、足を動かしてもオーナーは気づかない。

なぜ気づかないのでしょうか。

当然でしょう。このオーナーは自分がお客様になって足裏に紐がサワサワと当たる不快感を体験したことがないからです。

けれども、一度体験したあなたは、絶対に自分の体験から、お客様の細部にまで気を使うオーナーになれるのです。

**神は細部に宿る。**

体験しなければ、「快」も「不快」もわからないのです。

好きこそ物の上手なれと言いますが、これも私のエステ好きが効を奏し、いろいろなエステサロンへ出向き、それが体験に変わったから言えること。

だからこそ、あなたも「**好きをもっと追求してほしい！**」と思うのです。

好きなことをとことん追求していく！

そして、それを極めていく！

だって、笑顔で楽しそうな人の周りにはたくさん人が集まるでしょ。

私は7年楽しんで、好きを追求したことで今があるのですから、これだけは断言できます。

## ♥ロミナ語録 ❻

- □お客様の視界に生活感を見せない。
- □お家サロンでもルールを決める！
- □常にお客様の目線を意識する！
- □安っぽいサロンに見せたくなければ世界観を統一する！
- □世界観とは魅せ方である。
- □お家サロンを成功させたければいろいろなサロンを体験せよ！
- □いい経験も悪い経験もどちらも大事である！

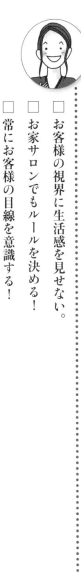

# 第3章

# 開業初日から満席で始めるサロンの行動パターン

「告知をしなくては」「発信をしなくては」――

あなたがもしラグジュアリーサロンを初日から満席にしたいのであれば、まず考えるのは、集客についてでしょう。

そのとき、あなたが思うのは、例えば、「ブログやFacebookにこんなこと書いたら相手はどう思うかな？」とか、「こんなふうに書いたら読んでもらえないかな？」なのではないでしょうか。

きっと、あれこれと相手の立場になって考えて、頭をひねることでしょう。でもそれは、人気サロンからはほど遠い行動なのです。

「え、それって普通でしょ？」「だってお客様目線でしょ？」といった声が聞こえそうですが、実はこれこそが、売れないオーナーまっしぐらになる落とし穴！　よく聞いてくださいね。

あなたが人に合わせて書いた文章など、面白くないんです！　面白くなければ、次は読まれません。

第3章では、初日からサロンを満席にするための「集客＝ブログ」について、お勉強しましょう。

# 1 サロン経営は恋愛と同じ

ちょっと考えてみてください。

あなたは自分のブログやFacebookを何度も読み返したいですか？

だって、一般ウケしそうなことを発信したほうがいいんでしょ？　と思っているなら、それは全然違います！

あなたの感情が動かない文章に相手が反応するわけがありません。

もっと言うと、「いったい誰に読まれたくて投稿しているのかを、あなた自身が決めているかどうか」が問題なのです。

あなたは自分という人間に共感してもらえない人にお客様になってほしいのですか？

それが本当にあなたの理想のお客様ですか？

## ●お客様と相思相愛になるには

あなたの話が最高に面白い！　と、共感する人が来店されたとして、けれどもその文章が万人ウケを狙って書かれていたとしたら、最初はいいでしょうけれども、嘘がだんだんとバレて、あなたとお客様の関係は次第に冷めていく恋のようになるでしょう。

お客様と相思相愛でいたいのであれば、ブログなどの投稿には「**等身大の自分を書く**」ことです。そうすることで、今のあなたのファンが増えていくのです。

だんだんお客様が増えてくるようになると、口コミなどで本当にいろいろな方がご来店されます。

例えば、「いろんなサロンを見ているので、その中で比べてどのサロンに行こうか悩んでいます。すべてのコースと内容、商品を教えてください」と平然と言うお客様もいれば、アーユルヴェーダ施術を目的にご来店されたにも関わらず、アーユルヴェーダを語りたいだけで、1時間以上も話をして、結局予約を取らず、また何日後かに別の名前を使って、電話をしてくるお客様もいました。

お家サロンだけではありません。大手エステサロンに勤務していたときにも、本当にいろいろなお客様がいらっしゃいました。

「あなたの技術いいわね」と褒めてくださったのに、私が新人だとわかり、年齢を聞かれて20歳と伝えた途端に、「新人だから技術が未熟だった」と手のひら返しをされたこともあります。

こういう方もいる、ああいう方もいる…その中で、「私はどういうお客様と関わっていきたいか」と考えました。

そして、当時の私は、「素敵なお客様ばかりが溢れるサロンにしたい！」と決意しました。そのために、「**自分のブランディングをどうにかしよう！**」と考えたのです。

実はそのとき、ブログで、几帳面ではないのに几帳面なふりをしたり、洗練されたロミナさんではないのに、洗練されたロミナさんになろうと一生懸命に頑張ってみたりしていました。

するとどうでしょう…

まー、自分で後から読んでもそのブログ記事のつまらないことといったら…。

そして、一見素敵なお客様は来るものの、いまいち会話の盛り上がりにかけるのです。

お客様も私もお互いに不完全燃焼。

例えば、まったく今日の天気なんて気になりもしないのに、何か会話をしなければ…と、焦るがあまり、「明日は晴れなのでしょうか?」と、聞いちゃうあの感じです。

この感じ伝わりますか?

そんなふうに自分を偽って投稿を続けていると、ブログはつまらないし、一見理想っぽいお客様は来るけど、なんだか毎日疲れる…。

「なんだ、これ!?」ってなるわけです。

ところが、あるとき、お客様との会話の中で「えい!」と素の自分を出したとき、めちゃくちゃ盛り上がりました。

そして、「ロミナさんってこんなに面白かったのですね! ブログだときれいで隙のない雰囲気だったから…」と言われたのです。

そのお客様にはその後も何年間にもわたって通っていただき、毎回大盛り上がりの楽しい時間を過ごしています。

このとき、私は思ったのです。

**お家サロン経営は「恋愛」と似ている！**

作った自分を見せてお付き合いをスタートさせると、お付き合い後に苦労する。逆に、ありのままの自分を見せて自分を好きになってくれた人は、どんな困難があろうとも、乗り越えやすい。

お家サロン経営でも同じこと。

自分を大きく見せる必要も、洗練された雰囲気を出す必要も、他人から求められた自分を出す必要もないのです。

# 2 一日の反省をしない

一日の終わりにあなたは何を考えますか?

「あのとき、お客様にこの話をすればよかった」

「なんであのとき、お客様の話ではなく、自分の話を優先してしまったのだろう?」

この会話を恋愛に例えるなら、

「なんであのとき、話しかけなかったのだろう」

「なんであのとき、あんなにきついことを言ってしまったのだろう」

子育てに例えるなら、

「なんであんなに感情任せに怒ってしまったのだろう」と、子どもの寝顔を見て後悔するパターンでしょうか。

## まず、なぜうまくいったかを考える。認めることから始めよう！

例えば、今日新規で来てくださったお客様が次回予約をされなかったとします。開業してすぐのときは、経験がなく、自分に自信がないものですよね。

そんな次回予約がなかった後、ありがちなパターンでいくと、

「私、なんか変なこと言ってしまったかな？」

「私が商品を勧めたばっかりに、何か売りつけられるのかと警戒してしまったかな？」

「私の施術内容がイマイチだったのかな？」

と、自分の反省点を探し、悔やむのが普通でしょう。


もちろん、クレームなら即座に謝罪して反省するべきですが、こういう場合は取り越し苦労。考えても仕方がないことが多いですよね。

後からお客様に聞くことはもちろん不可能ですし、そんなしつこいオーナーは間違いなく嫌がられます。

私がすすめる「**絶対にやっていただきたい飛躍の種**」をお伝えしましょう！
それは、失敗を考えるのではなく、
**今回、お客様がなぜご来店くださったかを考える。**
つまりは、自分の勝ちパターンについてしっかり考えるのです。

日本人は「反省会」を開くのが大好きです。個人的な意見ですが、実は私はあれがものすごく嫌いです。

「自分の今の精一杯の結果をなぜ反省するの？」

「なぜ、認めることから始めないの？」

そう思いませんか？

私は、「**まず、なぜうまくいったのかを考える**」ことをおすすめします。

お客様が何に惹かれてサロンへ来てくださったのかをとことん考える。そして、どんなきっかけでお客様がご来店されたかを、リアルに妄想して眠る。

すると、実際にそれが〝リアル〟で起こります。

一度した体験は、想像よりはるかにリアルに描くことができるのです。

# 3 数字を追うことにパッションを感じよ

売上目標が嫌で、会社を辞めた。営業を辞めた……。

そんなきっかけでお家サロンを始める人も多いでしょう。

数字と聞くと、苦手意識の高い方がまあ多い。特に女性に多いですよね。

けれども、もしあなたが理想に掲げる数字が「苦しい売り込みをする」のではなく、「喜ばれながらいつの間にか達成できている」のなら、ネガティブなイメージはなくなるのではないでしょうか。


**人間の脳は、視覚から入った情報によって、行動を連動させます。**

どれくらいの数字かわからないまま、ただなんとなく、「優雅に生活できるレベルを稼ぎたい！」と思っていても、勝手に売上が上がることはありません。

だったら、どうすればいいのでしょうか。

## ●お家サロンでは、自分で目標を設定↓達成↓自分を褒める

数字が苦手な方は、あなたが優雅に過ごせると考える「優雅」を実際のものや金額に割り当ててみましょう。

例えば、

- 家事代行を雇う
- ふわふわのソファーを買う
- 毎回タクシー移動をする
- 戸建てを建てる

とか、そんな感じです。具体的に金額を割り出すのです。

最初から全部は叶えられなくても、どれくらいの金額でできるのかを割り出すだけで、ああそっか、これくらいでいけるのか！と、より、リアルに触れることができるのです。

**それを書き出して、カレンダーなどの毎日目に触れるところにその目標を掲げましょう！**

そして、例えば「50万円必達！」や「新規5名来店！」などを、毎日脳に刷り込ませていくのです。

実は私は、大手サロンの頃からこの手法で、一度も目標額や目標を落としたことがありません。ちょっと自慢です（笑）。

大手サロンでは、朝礼のとき、「消化」「商品」「来店」で毎日目標が決められており、それを達成するのが日常。それがいつの間にか習慣化していたのです。

これをお家サロンに応用すると、毎月ちょっとずつグレードアップできるよう、

「商品のみで30万達成」
「リピート率100％にする」

など、ゲームのように、毎月目標を掲げるのがおすすめです。

そして、「目標が苦しい！」という方はとりあえず成功体験を増やすこと。そのためには、まずは叶えやすい目標を設定しましょう。

例えば「お客様にブログの告知を毎回する」でもいいし、「ご紹介カードを必ず渡す」でもいいのです。

そして、掲げた目標に「はなまる」をつけ、横に「達成♡」と書いてみてくださいね。心踊ります！

上司や褒めてくれる人がいない一人オーナーは、自分で自分をそうして認めてあげることがいちばん大切な仕事でもあるのです。

## ●収入よりワクワクを即座に優先する

**自分のワクワクポイントを知っている人こそ、真の成功者である。**

と私は勝手に定義づけています。

例えば、ギャンブルにまったく興味がない人に、このパチンコの台、打てば10万円儲かりますよ！　という話があって、本当にそれで儲かるとしましょう。
けれども、同じ時間をかけて、自分の好きなお客様に自分の考えたメニューを体験してもらって、その売上が10万円だったとしたら、あなたはどちらがいいですか？

ただ儲かればいいわけじゃない。
楽して稼ぎたい、っていう人は、そもそも人に触れるエネルギーを使うエステやマッサージ、ネイル、美容師…なんて職業につかないのでは？　と思うのですが、もし、自分のしている仕事に対し、めんどくささとか、何か違う…という感情が出てきたら、私はお金を優先するのではなく、絶対に、

**ワクワクを優先することをおすすめします。**

そうでなければなんのために起業したのか、サロンをオープンしたかわかりませんよね。

## ●瞬間の売上に惑わされずにコツコツ積み上げる

正直に言うと、月商7桁を瞬間風速で出すことは簡単です。

例えば、高額の回数チケットを月に何件か販売したら、それで月商100万円！　です。

でも、一人オーナーの場合、それを積極的にしてしまうと後が辛いでしょう。消化作業が数か月続き、実質的に売上のない月が出てきてしまうからです。

脱毛サロンがいい例で、オープン時に格安チケットを売りまくり、予約はなかなか取れず飽和状態。新規を集客したいけれど、予約枠がないのでこれ以上売上も立てられない。1～2年して、人件費が支払えず、廃業。

大手サロンですらそのような事態に陥るのに、お家サロンという狭いフィールドでやればどうなるでしょうか。1か月に100万円売上が立ったとしても、他の11か月が0ならば、年商100万円。パートの場合とほとんど変わらないのです。

経営はある意味で「筋トレ」のようなもの。一時頑張っても、サボってしまえば、どんどん筋力は落ちる。つまりは売上も落ち、そして常連客も離れていってしまいます。

瞬間で売上を上げることは考えず、コツコツと毎月積み上げていくことが大切です。

## ♥ロミナ語録❼

- □ファンは、背伸びした人ではなく、等身大のサロンオーナーにつく！
- □反省なんてしている暇があるなら、一度の成功体験を確たるものに！
- □リアルな目標金額を割り出して、目標を掲げよう。
- □叶えやすい目標を設定し、達成し続ける。
- □なぜ自分で働くことを選んだのか今一度考える！

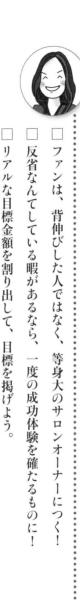

# 4 ビッグマウスのススメ

例えば、「月に100万円必ず稼いでみせる！」と掲げるオーナーと「暮らしていける分、15万円くらいでもかまわない」と思っている二人のオーナーがいたとしましょう。15万円くらいでも…と言っているオーナーに、月に100万円稼げる日がやってくるでしょうか？

それは、おそらく無理…でしょう。

なぜならば、夢を描く張本人が夢の設定を低く見積もれば、それ以上は叶わないからです。

## ●あなたの思いに共感する人、それが夢への第一歩

私は大手サロンで大きな数字を日常的に見てきたおかげもあり、数字を上げることが当たり前っちゃ当たり前でした。

「そんなロミナさん、お金、お金、売上、売上って嫌ね！」って思われますか？（笑）
あなたが遊びでやっているならそれでいいでしょう。けれども、お客様にご満足いただくため、「サロンで最上級に身も心も癒して差し上げる！」と思っているなら、そのためにはちゃんとしたビジネス導線を作らなくてはプロとして失格です。
**お金のことをルーズにするオーナーに未来はありません。**
お金って本来エネルギー交換ですから、考えていくと、あなたはエネルギー交換を放棄したことになるのです。

**ちゃんと数字目標を掲げましょう！**

子どものときには大きな夢を描けるのに、大人になると途端に萎縮してしまうのはなぜでしょうか？　世間体や周りの目、失敗を恐れているからではないでしょうか？
では、ここでワークをしてみましょう！
あなたが今、叶えたいと思う夢や目標を書き出してみてください。

**ワーク❹**：あなたが今、叶えたいと思う夢や目標をすべて書き出してみてください（誰も見ませんから、素直に、自由に書いてみてくださいね）。

- 
- 
- 
- 
- 
- 
- 
- 
- 
- 
- 
- 
- 
- 
- 
- 
- 
- 
- 
- 

さて、あなたはどんな夢や目標、未来を書き出しましたか？

いくつになったって、「自分が思い描いたことは叶えられる」と私は知っています。

「無理だ！」と言いたくなるのは、あなたがまだそれを体験したことがないから。

一度体験したり、自分と全く同じ境遇の人が夢をいきなり叶えたら、絶対に無理だ！なんて言えないですよね。無理の根拠がなくなるのですから。

だからこそ、周囲にいい影響を与えてくれる人を置くことが何よりも大事であり、自分が描く夢の延長上にいるような人に出会いにいくことが必要だと言いたいのです。
空前のＳＮＳ時代――正直、大きなことを言ったもの勝ち！

**ビッグマウスになること。**


ＳＮＳに投稿できる人は、今、すぐにやってみましょう！

今！　思い浮かんだあなたの大きな夢に必ずつながる人がいますから。

あなたの思いに誰か共感する人が出てくれれば、それは夢への第一歩なのです。

# 5 「あなた」という看板を背負いなさい

お家サロンって、子育てしながら始められて、責任感もなくて、毎日ブログ更新してたらなんとなく予約も入って来るのでしょう？

**そんなわけあるか！**

お家サロンという狭いフィールドであっても、あなたはそのフィールドの代表になるわけです。まずはその自覚を持ちましょう。

実はこの自覚こそ、〝プロ意識〟であり、これを身につけることによって、あなたが歩けば商品が飛ぶように売れ、自分から集客をせずとも、人が勝手に集まってくるというまさに秘技なのです。

## ●いつ何時もプロとしての自覚を持つ

私になぜこの〝プロ意識〟たるものがあるのかというと、実は私はもともと甘ちゃんだったからなのです。

大手サロンに入社したとき、短大上がりだった私はまだまだ学生気分が抜けず、勝手に先輩が教えてくれるものだと思っていました。

が、先輩は聞かなければ何も教えてくれません。自分の役割は与えられず、ただガーゼをたたんだり、洗濯をする日々。ボーっと乾燥機が回るのを眺めて終わった日もありました。なんのために、栄養士免許までとって、就活で絶対に勝ち抜くために準備をしたのか。ちょうどそんな頃、サロンの代表に言われた言葉が、心に刺さりました。

「あなたたちはこれから、ここのキャストとなって、このブランドの看板を背負って歩くことになります。休日であっても同じ。あなたたちは自分が女優だと思いなさい。いつ何時お客様が見ているかわからない、そのつもりでいなさい」

もしかしたら、「休日くらい休ませろよ…」と思った新人もいたかもしれません。けれども、私は素直に感動しました。

そして、私はその日から看板をずっと背負い続けました。


お家サロンでは、自分が代表です。

その看板は会社に所属していた頃よりもよっぽど重いもので、いつ何時でも私は「エステサロンオーナー内田ロミナ」の看板を背負っています。

だからこそ、友人に美容のこと、健康のことを尋ねられたとき、私は友人としてではなく、「プロ」として、すぐに話ができるのです。

商品を売ろうとも、すすめようとしているわけでもありません。ただ、目の前の困っている人に、プロとしてアドバイスをする。

それが、いつ何時でも、たとえそれが子どもの運動会中でも、習字のお迎えのときでも。

それこそ商品が売れてしまう秘密だと思います。


過去に、そんなことをリアルに体現している先輩がいました。その先輩をずっと見てきて、

「こんなふうになりたい！」と強く思うことができ、そして今そうなることができているのだと思います。

その方は伝説のエステティシャンと呼ばれ、アカデミー講師でした。顔が信じられないくらい小さく、スタイルが良く、とても30代とは思えないほどの赤ちゃん肌で、声が女優の千秋さんのようでした。

一目見たら皆が振り返る、そんなオーラを持っていて、めちゃくちゃ厳しい講師でした。各サロンに臨時でその講師が入ると、飛ぶように商品が売れるというから驚きでした。

こんな人になりたい！
私もこんなプロ意識の高い人になりたい！
そんな気持ちを常に持ち続けました。

だから今でもプロとしての看板を背負えているのです。

# 6 時給思考を捨てる

あなたがもし、お家サロンを始めようと思ったとして、もしくは、始めているとして、メニューの価格設定の際に何を考えますか？

「地域にすでにあるエステサロンの相場に合わせる」、「大手サロンがこれくらいの価格だから、自分のサロンは半額くらいかな？」なんて決め方をしている人がいるとしたら、あなたのサロンは、好きな人で溢れかえる、開業初日から満席になるサロンにはなれっこないと断言します。

エステの王道で行くと、1時間1万円が相場なんて言葉がありますが、

**いったいそれは誰が決めたことなのでしょう？**

この世の中、似たようなエステサロンも、お家サロンも無数にあります。

じゃあ、あなたが価格まで他に合わせにいったとしたら、どうやってお客様に見つけてもらうのでしょうか?

そのような「時給思考」は、他のサロンに合わせることであり、結果的に損得で動くオーナーになってしまいます。

## お家サロンが大手に勝てる秘策

よくあるサロンの失敗例として、一人ひとりのお客様の時間を大切にしないサロンがあります。

例えば、あなたがエステサロンに新規で予約をして、エステコースをめちゃくちゃ楽しみにしていたとしましょう。でも、仕事帰り、車で渋滞にはまってしまいました。余裕で着くはずが、到着時間が5分ほど遅れそうです。

そんなとき、あなたは車を側道にとめ、サロンに電話をします。

「申し訳ありません、道が混んでいて5分くらい遅くなりそうです」

電話口のスタッフが、

「かしこまりました。5分遅刻されますと、後にお客様が詰まっておりますので、コースの時間が半分になりますが、よろしいでしょうか？」と言ったとします。

ショックじゃないですか？

めちゃくちゃ楽しみにしていたのに、なんだか着く前から気分が半減。そして、思います。

「5分の遅刻でなぜコースが半分に？」の不信感。「でも、遅れる私が悪いしね」って、暗い気持ちになりませんか？

そう、そこまで考えられるのが〝**お客様目線**〟。

大手のエステサロンならマニュアルがあり、ここで顧客が気分を害することもしばしば…。

けれども、開業初日から満席になるお家サロンオーナーを目指すあなたには、

**大手サロンに勝てる秘策があります。**

例えば、お客様からの「遅れるかもしれない」の連絡に対し、

「かしこまりました。こちらは長めにお時間お取りしておりますので、安心して、お気を

つけてご来店ください」と、お伝えするのです。

新規のお客様ともなると、緊張してサロンへお越しいただく方も少なくありません。そんなとき、自分のちょっとした落ち度を「遅れていらっしゃいましたので」なんてちょっときつい口調で、もしくは迷惑そうな態度で言われたとしたら、もう二度とそのサロンへは行きたくないと感じることでしょう。というより、行きづらくなってしまうのです。

リラックスして、非日常を味わいに…、そんな思いを持ってご来店する方も多い中、現実的な秩序を咎められる。嫌ですよね。

だから私はここに掲げます。

**お家サロン成功理論！**

これをマスターすれば、あなたは必ず、お家サロンVS大手サロンの構図で「勝てる！」サロンオーナーになれます。

まずは、〝**予約はできるだけゆるゆるで取る！**〟です。

その方が当日どのメニューを選ぶかわからなかったとしても、最大のコース時間でご予約を取るのです。少しくらい遅刻しても、「全然ヨユー！」の表情ができるくらいの感覚を持ってください！

でもそうすると、空いてしまうかもしれない時間がもったいない…。

そんな「時給思考」の方に朗報です。

その時間は、お昼ご飯をかじりながらブログ下書きの時間に回しましょう。

午後の予約を終えた疲れた体で文章を練り出せるのは上級者です。あらかじめ、そのための時間を作っておくのがよいでしょう！

**時間を有効に！** サロンオーナーの仕事は、施術することだけではありませんからね。

## ●片っ端から話を聞いてみる

あなたがホームページやブログを開設したのと同時に起こりうることは、営業の電話が鳴り響く！　です。

それはある意味、あなたの投稿やホームページが世の中でちゃんと閲覧されているという証でもあるのです。

ただ、何件もかかってくる電話にゲンナリしてしまうかもしれませんね。

ここで、起業初期にあなたがお家サロンを人気サロンにしていくために、必要なコツとしてお伝えすることがあります。

それは、「**営業の話をいったんしっかり聞いてみる**」ことです。

セールストークや意外と知らなかった顧客ニーズがその会話でわかることってけっこうあって、あえて不快な営業を体感することで、ゴリ押しセールスとこの人からなら買ってもいいかな？　と思えるセールスの違いがお客様目線で理解できたりするのです。

私も最初は何人もの営業さんの話を聞いたり、直接会ったりしました。いい出会いも、必要のない出会いもありましたが、結局、体験をおそれることは自分の未来の可能性の芽をも摘んでしまうこととなるのがわかりました。

自分でピンときたり、「なんだか気になるな！」という感覚には従ってみることをおすすめします。実は、失敗談ものちに使えるのです。

これは、ＳＰＡアカデミー講師という仕事をしているからこそ言えることですが、すべてが必要だったと思えるのです。

## ♥ロミナ語録 ❽

□プロとして自分という看板を背負う。

□お客様は安心してお願いできるサロンオーナーの元へ集まる。

□サロンオーナーの心の焦りは手から伝わる。

□予約をゆるゆるに取れば、ゆったりとした接客ができ、お客様の満足度も向上する。

□自分が嫌だと思うセールストークを体験すれば、お客様の気持ちが理解できる。

# 7 アットホームを目指してはダメ！

「お家サロンのウリはなんでしょう？」

この質問に、もしあなたが、「アットホームでしょ！」と自信満々に、さも得意げな顔で声高らかに言っていたとしたら、もうそこであなたはつまずいています。

お家サロンだからアットホーム？　シャレですか？

あ、つい性格の悪さが……（笑）。

## お家サロンだからこそプロとして最高のおもてなしを

ここまで読んでくださったあなたなら、お家サロンオーナーとしてメキメキとプロ意識をつけ、きっと、「ロミナさん、お家サロンといえどアットホームはないでしょ、ダメでしょ」って言ってくれると信じたいです。

なぜなら、**お家サロンなのに、さらにお家感出してどうすんねん！**

例えば、もう隙がないくらい完璧で近寄りがたい美女がいます。でも、口を開けば超面白くて親しみやすかった！

これ、ファンになりますよね。恋愛なら…、惚れちゃいますよね。

逆に、めちゃくちゃ親しみやすい顔をしていて、垢抜けない雰囲気で、口を開けば、これまためちゃくちゃ面白くて親しみやすかった女性。

まさに、イメージどおり！　好きにはなるかもしれないけど、ファンには…、なるでしょうか？

これをサロンに言い換えると、

「高級スパに行ったときに、スタッフの人がめちゃくちゃていねいな対応をしてくれたうえ親しみやすくて好感を持った！」

ということこそが感動ポイントなのです。

なのにお家サロンでアットホームな対応？

つまりは、「ここは私の家ですぞ、ゆっくりしておくんなまし」と言わんばかりのフランクな口調、そして、ゆるーい接客。生活感を隠そうともしないサロン…、と比較したら？

友人宅に来ているようなサロンなら、あなたのオーナーとしてのアドバイスは１００パーセント聞き入れてもらえないでしょう。

あなたは、

**プロとしてお話するフィールドを用意しなくてはいけないのです。**


たとえ、そのフィールドがリビングだったとしても、最大限に生活感を消す。お客様に対しては、そのお客様がもともと友人だったとしても、最初はむず痒いかもしれないけれど「○○様」とお呼びする。ドアを開ける際には静かにノックをし、「失礼いたします」と接客すべきなのです。

もちろん、盛り上がる施術中の話は少しフランクにお話ししたとしても、あくまで、メニューについての会話はすべて丁寧語である必要があります。

ちょっと難しいですか？

私は日頃から実践しています。

自分に癖をつけるようにしています。

例えば、自分の子どもに「何日に、〇〇に連れていって！」と言われたら、答えるときは、「この日、お客様が〇時くらいまでいらっしゃると思うから、〇時からねー」。

日頃から、お客でも、お客さんでもなく、「お客様」と言う癖をつけるのです。

お帰しの際も然りです。

必ず、外までご一緒して、見えなくなるまでお見送りをする。

お客様が友人の場合は手を振って送り出す場合もありますが、姿が見えなくなるまで見送ります。

ちなみに、その友人を通常の〝遊び仲間〟として家に招いた際には特に見送りません（笑）。

# 8 失敗という概念を持たない

お家サロンの失敗っていったいなんだと思いますか？

開業資金は７万円。

確かに、７万円を回収できないのは嫌かもしれません。でも、ベッドは売ればいいし、物品も何かと使えるでしょう。

もし、フェイシャルメニューを始めよう！　と思ったとして基礎化粧品一式を購入しても、万が一お客様が来なかったら、自分のスキンケアに使えばＯＫ！

イベント告知をして、人が来なかったとして、あなたは何を失いましたか？

そうなのです。お家サロンにおいて失うものって限りなく少ないのです。

あなたがお家サロンをしていて、

「全然うまくいかない」

「失敗ばかり…」

と、思っているとしたら、単にトライの数が足りないだけ。

そして、人と比べているから、自分ができていない気になっているだけなのです。

## ●成功するまで何度でもトライすればいい

ここだけの話ですが…、私にも数々のコケた企画があります。

「ちょっと違ったな…」そう思ったら、次の企画を、しれっと出せばいいのです。

そうして、次に打ち出したコースや企画が大いに盛り上がったとしたら、それは最初のコケた企画があってこそなのです。

失敗を成功に塗り替えるまで何度も何度もトライ、そして発信していけば、必ず成功します！

成功したあなたにぜひやっていただきたいことは、成功した後、

**そのコケたメニューをもう一回出すこと、**です。

そのコケメニューの出し方として、今ではこんなに人気のサロンオーナーと言える私ですが、かつてこんなコースを出して大失敗したこともあるのですよー　といってリリースするのです。

すると、面白いもので、実績のついたサロンは注目されているから、その失敗と思われたメニューをぜひ受けてみたい！　という方が出てきます。

そうです。あなたが最初に「行けるぞ！」と思って失敗したこのコケコースすら、日の目をみることになるわけです。

だから、絶対に芽が出るまでは諦めない。

**もっと柔軟に、トライする、チャレンジしていいのです！**

へこんでいる暇があったら、さっさと立ち上がって、次のワクワクする企画を考えましょう！

あなたのお家サロンに失敗という文字はないのだから！

## ♥ロミナ語録 ❾

□プロとして、自分にとってのルールを作る。そうすることであなたはもう接客において迷うことはない。

□アットホームを目指す他のオーナーと差がつけられる。

□失敗という概念はあなたを落ち込ませる無意味なもの。

□どんな事柄も「やってよかった！」と思える自分になろう！

# 9 あなたになら、できる！

もし、あなたがここまで読んで、
「私はそんなにストイックにできないし、そんなに頑張れないと思う。もう歳だしさ…」とか、そんな弱音を吐こうものなら、今すぐ私はそこへ行って、軽く胸ぐらをつかみ、「立ち上がれー！」とあなたに喝を入れたい。

あなたが「お家サロンの発信を毎日ブログにしているにもかかわらず、2桁ＰＶだった」としても、フェイスブックに投稿して、まさかの「いいね！が1件もつかなかった」としても「絶対大丈夫！」

**「なんのためにお家サロンをするのか？」をしっかり考え、そこが絶対にブレないオーナーであればいいのです。**

例えば、

「いずれ店舗を構えたい夢があるから、まずはお家サロン」というのもよし。

「家族の幸せと自分の幸せを考えたときにお家サロンだから」でもよし。

「たくさんのお客様に笑顔になってもらいたいから」でも、もちろんよしです。

## ささやかなビジョンだっていい。まずはそこから始めよう

私は、子育て中で、いつか店舗を構えようと思っていたけど、今始められるのはお家サロンしかない、というスタートでした。

そして、そのお家サロンというフィールドで成功していくことこそ、家族の前で明るい自分でいられる、毎日楽しく過ごせる、笑顔で自分らしくいられることでした。

そんな好きを仕事にしている私を見て、子どもたちは、「大人になるって楽しそう！」ってワクワクしています。

今はお家サロンで、「ここまでできるよ！」「私にも今できるかも！」「やってみよう！」と自分の人生を謳歌できる母親が増えています。

私は、お母さんが最高にハッピーになるお仕事、それがお家サロンであると確信していますし、「家族という小さなコミュニティが各々幸せになることで、世の中は必ず良くなる！」そんな熱い思いも持っています。

それこそが志であり、私のビジョン。

そんな小難しい言葉を聞くと、私にはそんな志はない…なんて声が聞こえてきそうですが、もちろん私も、最初からそんな確たる決意があったわけではありません。

最初は、「自分で好きなものを買いたい」でもいい。「子どもの習い事のため」でもいいのです。

そして、それを目指すためにどういうお家サロンのスタイルがいいのかを考える。

まずはそこから――。

そしていつ軌道修正してもいいし、目標を変えたって、ビジョンを変えたっていいのです。

最初から完璧な人間なんていない。

というより、完璧ってなんだ？　とすら思います。

あなたの今で、必ず勝負できます！
間違ったら、軌道修正。
誰でも開業初日から人気サロンをつくることは可能なのです。

## ●自分が成功した妄想が上手くなる

夢こそものの上手なれ！
そんなことわざ…ないですね（笑）。

例えば、あの有名なイチローも、歴史に名を刻んだ織田信長も、自分が契約金1億円のプロ野球選手になるとか、天下をとるっていう姿を、めちゃくちゃ前から思い描いていたわけです。周りにばかにされようが、お前には無理だと言われようが、そんなのカンケーねぇわけです。

**自分がなると決めた姿に必ずなる。**

それはもう当たり前の妄想で、もはや妄想か予定かわからないほどなのです。

脳は一日の最後に考えたものを記憶し、翌朝実行できるよう情報を集めます。だったらそれを利用して、寝る前に自分が大成功している姿を妄想してみましょう。

私の場合は現実逃避グセがあったので、幼い頃から寝る寸前の妄想タイムがいちばんの楽しみでした。

サロンを始めた頃は、こんなお客様が来たらいいなー、というのをめちゃくちゃリアルに妄想し、本当にそんなお客様がご来店されたりしていました。

今流行りの引き寄せっていうのにも似ているかもしれませんね。

## ♥ロミナ語録⑩

□お家サロンの開業のきっかけは何だっていい。

□今の自分で勝負すること！

□良質な妄想こそ、夢を制す！

# 第4章

# 予約を3か月先まで満席にする極意

あなたが、サロンオーナーをしていこう！　と意気揚々と走り出し、初月で予約は満席、売上も上々！　そんな中、心配になることがあるとすれば、「満席の状態っていつまで続くのだろう？」ですよね。

ＯＬやパート経験のある方はおわかりかと思いますが、雇われれば、休みも確保できて、お給料も確実にもらえます。

けれども、サロンオーナー、個人事業主ともなると、予約の数と売上はイコールとなります。どれだけ働いたか？　の「結果」になるということです。

１か月目はサロンオープンだから、一見、満席だったとしても、次月からはそうはいきません。ただ向こう３か月先、あなたのサロンが予約でびっしり。満員御礼状態だったら？　そんな心配など、微塵も起きませんよね？

１回目の来店から次回予約を必ずとっていただける接客や仕組みには、細かなテクニックがあります。この章では、あなたのサロンが長く続き、老舗と呼ばれるお家サロンになるための秘訣をお教えしましょう。

# 1 予約を3か月先まで満席にする電話・LINE対応

最近ではネット予約や、LINE@の登録によって激減した電話予約――。

けれども、初めてサロンに行くときに道に迷ってしまったり、サロンへ忘れ物をしてしまったときなどは、やっぱり電話です。また、中にはネットに弱い、スマホを所持しない、という方もいらっしゃるので、電話対応にはまだまだ需要があるのです。

## ●予約専用の携帯は必須。留守電は自分でメッセージを

例えば、あなたがAコース、Bコースどちらかのコースかで悩んだ末、「わからないから聞いてから決めよう！」そう思って、サロンに電話をしたとします。

なのに、誰も電話に出ないし、留守電にも切り替わらない。

オーナー側からすれば、「一人オーナーだから施術中は電話に出れなくて当たり前」かもしれません。けれども、お客様からしたらそうではないのです。貴重な隙間時間を使って電話をしたのに出ない、違うサロンにしようかな、と思われても仕方ありません。

では、どうすればいいのでしょう?

身は一つしかありません。そんなときは、留守番電話機能を大いに使いましょう。できれば自分でメッセージを吹き込むのがおすすめです。


私のサロンの場合はこうです。

「お電話ありがとうございます。サロンCuti《チュティ》です。ただいまお客様の施術中のため、電話に出ることができません。後ほどこちらから折り返しいたしますので、お名前とお電話番号をお願いいたします」

大手サロンには受付がいるので安心なのですが、お家サロンでは対応できないことも多くあります。お家サロンの場合は、ここですでにお客様を逃していることになるのです。

もうひとつ、個人のスマホをそのまま予約用の電話にしている人はいませんか。そうすると、知らない番号からかかってきたら、普通に「もしもし」と出ることになりますよね。

これがそもそもの間違いなのです。

お客様はサロンだと思って、プロのいる店だと思って電話をするのに、まさかの反応が「もしもし!?」

お客様の方から「こちらって〇〇サロンですよね？」と確認しなくてはいけないのです。

こんな失礼なことはありません。

できれば、予約専用の携帯を持っておくことをおすすめします。そうすれば、その携帯にかかってきた電話には、必ずプロとして電話応対ができるからです。

「もしもし」ではなく、

**「お電話ありがとうございます！」という出だしで、声は2トーン高くハキハキと！**

これが鉄則です。

私が大手サロンに勤務していた頃、施術者の先輩の電話応対を見て、「?」がいっぱい頭に浮かんだことがあります。

受付担当であればそうではありませんが、施術者は技術を担当する人で、人が足りなければ電話に出る！　というスタンスだからだと思うのですが、そのときに対応されたお客様はあまりにも不幸だな、と思っていました。

とにかく皆、電話のテンションが低いのです。そして冒頭からサロン名を伝える出方。誰もありがとうと言っていない中で、私だけでもやったら喜ばれるかも？　という実験の元に電話を取っていたある日、

「あなた、この前も電話に出てくれた加藤さん（私の旧姓です）よね。いつもすごく感じがいいわね！　今度指名するわね！」

と、言われたのです。

予約電話のときに電話口でダイエットについての悩みを相談され、そのままコース成約になった方もいらっしゃいます。

それくらい、電話応対は大事です。ネット社会だからこそ、声に触れ、オーナーを印象づける電話応対！　マスターしない手はないですね！

## LINEは使い方に細かい配慮を

今はLINE@の登録から、ダイレクトに予約のリクエストをしてくださるお客様も少なくありません。

実際に、SPA生も限定コースなどをLINE@から流し、すぐ予約が入る！　という流れもあります。

私が起業したのは8年前。まだLINEなどの普及はなく、メールが主でしたが、そこには、お客様がそのメッセージを読んでくださったかどうかがわかるという明確な違いがあります。

特に、前日確認のメールは未開封でも、LINEの場合ならほぼ100パーセントで開封されるため、予約の勘違いなどが起こりにくいのです。

そして、お客様が気軽にお問い合わせしやすく、商品の注文なども、LINEで受け、次のご予約時に用意しておくことができるわけです。

便利ですよね！

ただ、このLINEですが、レスポンスが良いために、お家サロンともなると、ついつい友達のノリになってしまうオーナーもいるようです。

LINEでのイジメが社会問題になるように、読む人によっては、不快を感じる文章にもなりえます。そして、メールと違って、気軽に送ってしまえます。

だからこそ、そこが、他のサロンと差をつけるチャンスなのです。


**文章は丁寧語で謙譲語。**

**スタンプも、タメ口のものは送るべからず！**


友人兼お客様であっても、できればお客様用の敬語スタンプなどを使うべし！ です。

そして、ご案内文はお客様が読みやすいように、文章の間をあけて配信すること。

LINEでは、文章が長くなるとメールよりも読みにくいのです。

そういう細かな配慮が、お家サロンを3か月先までいっぱいにし、キャンセルが出ても、すぐにキャンセル待ちで満席になるサロンの秘訣なのです。

# 2 徹底すべき3つの準備

## ●お客様をお迎えするにあたって大事なことベスト3

10時からサロンをオープンするとして、準備にかかる時間は30分くらい。もし、保育園児や幼稚園児のお子さんを抱えているとしたら、9時にはお子さんを送り出したいですね。もちろん、掃除して埃などをとっておくことも必要ですが、ここで〝お客様をお迎えするにあたって大事なことベスト3〟の発表です！

まずは第3位から――**お部屋の匂い！**

- アロマを焚く、芳香剤をさりげなく置く、換気をしておくべし。
- 五感を刺激するサロンには匂いは必須！

●午後のお客様をお迎えする際に、午前中の匂いが残っていたらすぐ換気！

さらには、お家サロンの場合、前の日が揚げ物やカレーだったとしたら、その匂いが微かにでも残っていないかを入念にチェックしてください。

生活感のある匂いは、100年の恋も冷めるかのごとくお客様を一気に現実に引き戻すお家サロンの大敵なのです。

続いて、第2位――**ベッドメイキング！**

●ベッドは、お客様が横になられ、一番ロングタイムを過ごされる場所。

●タオルはずり落ちていないか？

●パラフィンシートなどがあればそれは美しく配置されているか？

●髪の毛などが落ちていないか？

準備OKかどうかの判定基準は、

**今ここを写メで撮られてもOKか？** です。

では、いよいよ第1位！――**お部屋の温度！**

驚かれましたか？

●例えば、寒い日に、サロンに入ったらほっこりと暖かい。
●暑い日に、サロンに入ったら涼しく心地が良い。

温度は最上級のおもてなしであると思っています。

その例として、いくつか残念なことがありました。過去に行ったサロンで、エアコンはまだつけたてで寒く、この状態で紙ショーツ1枚になるのがキツイ、そんなことを思っていたら風邪を引いてしまった。施術者が暑いのはわかるけど、ガンガンにクーラーをかけ、22度くらいで、温度の好みをこちらに聞いてもくれない。そんなサロンへはもう二度と行きたくないものです。

けれども、技術もまあまあという中で、お部屋に入るとまず、「お部屋の温度、いかがですか？」と聞いてくれて、ガウンになった状態で「ガウンの状態でお部屋の温度は大丈夫でしょうか？」、さらに「ガウンを外した状態で今お寒くないですか？」と聞いてくださったサロンには、いまだに通っています。

そうなんです。温度の気遣いってとても大事なのです。

ここまでしつこく聞かなくてもいいとは思いますが、お客様がご来店の際に、「お部屋の温度いかがですか？　もし、寒すぎたり暑すぎたりしましたら、いつでも調整できますのでおっしゃってくださいね」と伝えておけば、お客様も要望を言いやすいだろうと思います。

温度は自分を基準に考えてしまいがち。実は夫婦の不満も温度っていうのが、お客様の施術中の会話からも結果として出ているのです。

夫が暑がりで、クーラーつけるからこんなに足が冷えてむくんでしまった。会社の上司が暑がりで、いつも温度を下げるから、腰が冷えてしまう。

など、不満の原因は温度にあり！

そんなこと？　と思うかもしれませんが、意外なところで人間関係に溝が生まれるものなのです。

室温は、基本的にお客様に合わせましょう。施術では、基本冷やすのはご法度なので、そこはプロとして伝える必要がありますけどね！

# 3 お客様の不安を取りのぞくお出迎え

お家サロンで看板を出せるサロンは少ないので、お客様からすれば、表札を見てもわからない、お車でお越しの場合はどこに車をとめたらいいかわからない、そんな不安があるでしょう。あなたがするべきことは、その不安をまるっと取り去って差し上げること。

「**お出迎え**」です。

マンションであればフロントへ出る。もしくは、その階の廊下に出ておく。新規の方なら特に、ピンポンを鳴らされる前に、「こちらです！」とお伝えしましょう。

そこで、何をお客様が思うでしょうか？　それは、

「**私を待っていてくれたのね**」感です。

自分のことを心待ちにされて嫌な人はいません。さらには、自分だけのために用意されている空間と時間がそこにあると、お客様はラグジュアリーな思考へとスイッチオンすることができるのです。

ホテルに行くと、ベルボーイがこちらへきて、「チェックインでしょうか？　お荷物お預かりします」とお出迎えしてくれますよね。そんなイメージで特別感を演出するのです。

## ●送迎は無料が鉄則

余談ですが、開設当時はアクセスの悪い場所でサロンをしていたこともあって、最寄り駅から無料送迎を進んでやるようにしていました。一見、効率が悪そうにみえる送迎ですが、道に迷う女性は意外と多いものです。わかりにくい道順は、お客様の気持ちをサロンへ来るまでに半減させ、また、たどり着く時間が遅れれば施術時間も半減してしまいます。

無料送迎によって、そういったデメリットを打ち消すことができるので、アクセスの悪い環境にあるお家サロンの方は、ぜひ積極的に取り入れるといいと思います。

覚えておいてほしいのは、絶対に有料にしないこと。有料送迎は利用者が激減します。

## ♥ロミナ語録⑪

□電話応対を軽んじるな！

□ＬＩＮＥをお客様に送るときは細心の注意をすること！

□部屋の温度を制するものは、予約を制す！

□どんなときもお客様を迷わすべからず！

□車があるなら断然無料送迎！

# 4 プラスαの心遣いを

ご来店時にカウンセリングシートを記入していただくサロンが多いと思いますが、そのときのために、特別に素敵なペンやバインダーを用意しましょう。

世界観の統一という意味もありますが、お客様がこちらに喋りかけやすくなるのです。

例えば、羽の生えているようなペン。

「可愛いですね！　このペン」と、お客様から会話を引き出すことができると、自然とお客様にとっても居心地のいい空間になっていくのです。

ですから、褒めポイントのあるものを準備します。


そして、これはあくまで「やりたい！」と思った人にしかやってほしくないことで、「ロミナさんが本で書いていて、稼げるっていっていたからやりました！」なんてオーナーには

絶対にまねてほしくないことなのですが、

**私は、お気に入りのスタンドに、毎回お迎えのカードを立てています。**

**毎回違うメッセージで。「〇〇様へ」と心を込めてです。**

「義務感から」「売上のため」という方がこれをやっても、正直違和感しか出ません。絶対にやるべきではないのです。これを聞いて、「あ、素敵だな！　私もされたらうれしいし、ぜひやろう！」と思った方だけがこの手法をまねしてください。

**要は、やっぱり気持ちって伝わるものなのです。**

**人って、心のこもったものはうれしいものなのですよ。**

そして、カウンセリングシートを記入していただくときには、暖かいもの、冷たいものの好みをお聞きして、お飲み物を用意します。

ここで注意したいのは、あくまで健康に留意したサロンであれば、「冷たいほうで」と、言われても、お体のために常温でお出しすることをお伝えすることです。

## 5 カウンセリング初心者のための性格診断

「今まで何人もカウンセリングしてきた」――

「接客業にずっと携わってきた」――

そんな方は心配ないかと思いますが、いきなり、カウンセリングしてみよう！となると、「自信がない。まだまだ経験不足」と、尻込みしてしまう人も多いと思います。

●お客様に喜んでもらえるコミュニケーション・ツールを考える

そこで、そんなカウンセリング初心者さんのために、私が提唱する心理学を用いたカウンセリング方法をご紹介します。ぜひ、こちらを参考に、カウンセリングをすすめてください

**それは、性格占いによるカウンセリング法です。**

これを使うと、お客様がどういう特性を持っているかがわかるので、カウンセリングやお帰しの際に、その方に向くひと工夫をすることができ、もっとお客様に喜んでいただけるようになります。

カウンセリング表に記載された生年月日をもとに、お客様のお着替え中に、こっそりと性格占いをするのです（時間がないときは諦めますが）。

性格占いにはいろいろなものがありますので、あなたが自分を占ってみて「あ、これいける」という占いでやってみてください。

そして、それぞれの性格別の簡単な表をお客様にわからない受付部分などに貼っておけば、あまり時間がなくても、ざっくりお客様への対応プランが立てられます。

ただ、ここで頭でっかちになることなく、あくまで一つのコミュニケーション材料として考えましょう！

# 6 カルテ管理が、さらなる予約を生み出す

新規顧客をバンバン呼んで入れ替わり立ち替わりのサロン運営は、お家サロンではあまりおすすめできません。

信頼関係を構築し、当たり前のように、同じ顔ぶれのお客様が集うサロン。そして、月に2～3人の新規顧客が来る状態がベストと私は考えます。

具体的には、1日2名さま限定サロンだとしたら、2人×20日ですから、40名の常連様がいれば十分。

けれども、そのうち何名かは週に1回来るなど、人によってペースが違いますから、まずは、月の集客20名を目指し、そこから月の新規2～3名を目安にしていけばいいのです。

ここでフォーカスすべきは、新規顧客ではなく、既存のお客様が何を求めているかを知ることなのです。

## ロミナ流「誕生日カルテ」の活用法

お客様と関係性が密になる情報管理方法があるとしたら、知りたくないですか？

カウンセリングシートに記入していただいた個人情報に、会員ナンバーをふって、その順番に揃えてしまっておく。一般的にはそんなイメージではないでしょうか。

が、ここで当サロンがずっと実践して、一人オーナーで顧客情報管理数が増えても、お客様との関係性が近い状態をキープできる裏技をお教えしましょう。

それが、「誕生日カルテ管理」です。

単に、1月生まれ、2月生まれと、属される誕生月ごとにしまっておくのです。そして、お誕生日コースのお葉書やDMをその月の方へ送付します。

ここまで読んだあなたは、「お客様の人数が増えてきたら、どうやってカルテを見つけ出すの？」と思いますよね。

自慢できることではありませんが、私は超絶記憶力がありません。人の名前もろくに覚えられないのですが、私の名前はまあ珍しいからでしょうね、一度聞いたら、わりと覚えてくれる人が多いので、街中で、「ロミナさん！」と声をかけていただくことが少なくないのです。ところが、私のほうでは、まー、その方の名前が思い出せないこと、出せないこと…。会話しながら思い出す！　なんてこともけっこうあります（悪気はないのです…）。

お客様のお名前は、メッセージカードにお名前を書くこともあって、把握はできるのですが、この誕生日カルテはカルテが五十音順でないのですぐに見つけられません。でも、この〝お客様のカルテが見つけずらい〟というデメリットを逆手にとって、自分の貧困な記憶力をフル回転させ、自分を追い込んでいくのです。そうすると、右脳が働いたからか、ふとしたきっかけでお客様の特長が浮かび上がってくるのです。例えば、漢字に葉が入っているから生まれは新緑の季節の5月生まれだった、と思い出せるわけです。なので、お誕生日がもうすぐのときなども、「もうすぐお誕生日ですねー」とナチュラルに話すことができ、会話も弾み、親密度も増すわけです。

結局のところ、自分を窮地に追い込むことで、お客様の情報も必然的に頭に記憶されていく、究極の追い込みカルテ管理なのです。

ぜひ、自分を追い込んで、カルテを見なくてもスラスラ前回の話が出てくるようにしていきましょう！

けれども、たまにわからなくなることもあります。ご来店頻度の少ないお客様については、前日しっかりとカルテをチェックします。

そのためにも、一人オーナーであっても誰か引き継ぎのスタッフがいる感覚で、家族構成、趣味、今度どこへ旅行に行くかなど、その日会話した内容を二度聞きすることがないように書き込んでおきましょう。

## ♥ロミナ語録⑫

- □プラスαの心遣いのできるオーナーになれ！
- □嫌々ならメッセージカードもお出迎えもやるべからず。そんなオーナーならやめてしまえ！（辛口）
- □目の前のお客様の表情から目を離さない！
- □お客様と話したことなど、瞬時に思い出せるカルテ管理法を活用する。
- □記憶は窮地に追い込むことで集中力を増す！

# 7 会話は、お客様のお望みを察知すべし

リラクゼーションコースやお客様がつい眠ってしまいそうなサロンメニューを掲げるオーナーが悩むのは、「施術中は会話したほうがいい？　リラックス効果を高めるために眠っていただいたほうがいい？」ということだと思います。

## 〝会話を楽しむことが一番〟、聞き手として盛り上げる

リラックスを望まれるのであれば後者でしょうし、ダイエット効果を提供したいのであれば、眠らないほうが自律神経も活発に、脂肪分解もよくなるため、眠らないほうがいいといわれています。

けれども、いくら専門家だとしても、お客様に、断固「眠らず起きていてください！」、

逆に「喋らずリラックスしてください」と言うのも、どちらも実は違うのです。

**まずは、お客様の目的を明確に！**
**そして、お客様の得られる未来を明確に！**

これに尽きます。

さらに、お客様の目的は毎回違う場合が多いので、そのつど目的を明確にしなければなりません。

例えば、「リラックスしたい、という要望だけど、どうやら吐き出したい家族への不満がありそうだぞ」と察知したのであれば、その方のストレス解消法は会話すること。サロンオーナーは聞き手となって盛り上がりましょう。

口から出る言葉と施術内容にいささか違和感があってもいいのです。

カウンセリングの段階で、いろいろとお話しくださる方は、自分の話をしたい可能性が高いのです。

**会話を楽しむことが最重要となります。**

さらに、ダイエットでご来店されたお客様だった場合、汗をたっぷりとかいていただくには、眠らずに自律神経を活発にしていただく必要があります。

けれども、カウンセリングシートの「疲れている」に◯がついていたとしたら、
「今日はお疲れであれば、疲れを癒してからダイエットに望まれたほうが効率がよいです。今日はお休みいただき、体のお疲れを取られますか？　どちらがよろしいでしょうか」
と、プロとしての意見も伝えながら要望を聞く！

これが、
「あなたに任せる！」
とお客様に言っていただけるようになる伝え方なのです。

## 8 お客様を毎回満足させる会話とは

ここまで読み進めたあなたは、「いやいやいや、まだオーナーになって日も浅い私にそんな軽快なトークは無理です！」と言うでしょう。

私がスクールを立ち上げた頃、ＳＰＡ生から「ロミナ先生のようには会話ができません！」という相談がありました（いまでは皆、軽快にトークしていますが）。

私がどう軽快なトークを身につけてきたかというと、自分がお客として行ったエステサロン、マッサージ店、美容院で！　だったりするのです。

自分自身が「へー、すごい！」と思ったことって人に伝えたくなりますよね。

私は正直そんなに真面目なタイプではないので、分厚い参考書や美容辞典なんかで学んだことはほとんどなく、実際のサロンで話されていること、商材営業さんが持ってきてくれた知識、大手で働いていたときは先輩が隣の部屋で喋っている会話や、店長がお客様に話すのを聞いて学んでいました。

**聞いた瞬間、すぐ人に話す！ 友人でも家族でもＯＫ。それが自分のものにするコツです。**

## ●ロミナの鉄板トークを大公開！

ちなみに、私が最近よく使っている鉄板トークをここで披露しちゃいましょう。

フェイシャルのコースって、実はボディコースよりもリラクゼーション効果が高いと言われているんです。１時間のフェイシャルコースで仮眠すると、６時間の睡眠に匹敵すると、森柾秀美《モリマサヒデミ》先生という著書もあるエステ業界の第一人者がエステティックグランプリでお話しされていました。通常大人の平均睡眠時間って６～７時間ですが、フェイシャルで仮眠をとると12時間眠ったことになり、活動と睡眠（回復）の割合が３対１から１対１になって、老化のスピードが遅くなるんですよ！ 毎日フェイシャルに来るのは難しいにしても、いつまでもお若くいるためには、「どれくらい来られるか」が肝になりますね！

「フェイシャルで眠っちゃうのもったいない！」とおっしゃっていたお客様が、「心おきなく寝るわ♡」とおっしゃって、来店頻度も増えたのです。

⬅

血流は心臓というポンプがあるからいいのですが、リンパ液のポンプって実はなくて、筋肉が収縮をするとリンパ液が流れてくれる仕組みなんですね。筋肉ってリンパを流す、いわば工場なのですが、工場自体が小さいと、どんどんむくみが進み、サイズが大きくなってしまうんです。だからこのように、マッサージで意識的に流してあげる必要があるのです。それとも、ストイックに運動する必要がありますが、どちらが頑張れそうでしょう？

⬅

すると、「じゃあもっと頻度よくサロンに来なきゃね！」になります（笑）。

例えばこうしてエステに来られるのって、月のスケジュールで行くと1回とか2回ですよね。コース後はお肌の調子もよく、化粧ノリも抜群ですが、だんだんと普段の生活スタイルに戻ると、お肌も戻っていくのですね。なので、次回ご来店の際にも、もとの状態からのお肌スタートになってしまうんです。月2回トリートメントに来られるとして、あと28日は何もしないなら、逆にサロンに来るのがもったいない、ということになります。もし28日間今のお手入れと同じ内容をご自宅でもしていただけるとしたら、次回のトリートメントでは、すでにレベルが上がった状態のお肌からスタートできるので、どんどん美しくプリップリの素肌になることが可能で、メイクも素肌に寄せていけるので、結果メイク用品も不要になっていくことが可能なのですよ♡

⬅

すると、「自宅でも同じケアをしないとね！」と基礎化粧品を揃えようという意識づけになり、その結果、商品販売につながるのです。

必要性とお客様の得られる未来！　これを確実に抑えてトークしましょう。

# 9 アフターカウンセリングの極意！

アフターの時間で大切なこと――

それは、
**お客様の時間をあらかじめ把握しておく。**

**そして、次のお客様の時間もきちんと把握しておく。**

ことです。

ここで最重要となるのが、お客様が何時までにサロンを出たいか、この後予定があるのか、そして次の予約が何時からかを、オーナーがあらかじめきちんと把握しておくことです。

なぜなら、お客様が焦っている状態で成立するアフターカウンセリングなどはないからです。

私は過去にたくさんのアフターでの失敗をしてきました。

お客様はコース時間以上にマッサージをしたほうが喜ぶというサービス精神がアダとなり、お客様の時間がない！　という理由で、コースの魅力や必要性、今後のプランも話せずにお帰ししたことが何度かありました。次のご予約の方がみえてしまって、お客様を焦らせてしまい、早々にお帰りになってしまったという悲劇もありました。


〝アフターの時間〟というのは、いわばメインコースが終わって、デザートを楽しみ、食事そのものの余韻を楽しむことと同じ。お客様の記憶に残るポイント中のポイントです。

早く帰りたいかどうかの意思確認は最初にしておき、「ゆっくりできる！」とおっしゃってくださったお客様には存分にゆっくりしていただきながら、プランニングについてもお話していきましょう。

**「ここはゆったりと過ごせる場所。私の休息の場」**

そんなイメージを持っていただくことで、お客様にとってなくてはならない場所になっていくのです。

## ♥ロミナ語録 ⑬

□自分の伝えたいことより、まずはお客様がサロンで得たい未来について明確にすること！

□お客様との会話のネタは書籍にはない！

□自分が人から聞いて感情が動いた会話をチョイスする。

□家に帰るまでが修学旅行なら、お帰しまでがエステです。

□余韻を楽しめる時間管理をせよ。

# 10 お会計よりも先に、次回予約確認を！

ポイント中のポイントでありながら、「できればここはオフレコでお願いしたい」、さらには、「ロミナのお客様にはできれば読まれたくないな」という、長年の経験の中で生まれた、とっておきの秘策をお教えしましょう。

それは、

**会計よりも次回予約確認が先！**

です。

人というのは不思議なもので、食事が終わり、お会計を済ませたら、だいたいの方が長居はしません（先払いは別）。

だからこそ、お客様はお会計をしてしまうと、もうこのサロン、お腹いっぱい。用は済んだので帰ります！　になってしまうのです。

だからこそ、お着替えの終わったお客様に最初に促すべきは、

**「次回のご予約はいかがされますか？」**です。

当サロンのように次回予約特典がある方はそこを説明しましょう（ちなみに当サロンは、次回予約でリピーター様価格の適用となります）。

そして、後からご予約の変更も大丈夫ですよ！　と、お客様の心配を取り除き、ご予約をいただき、そして、会計！　ではありません！

お客様がお急ぎの様子の場合は「会計」でよいですが、予約を取ったら「はい、会計」って、恋愛でいうと、「付き合ってください！」と告白し、「ＯＫ♡」をもらった途端、「はい解散！」と言われているようで、寂しいものではないか？　と私は思うのです。

改めて今後の流れをご説明し、ご質問を受け、ご納得いただいたのちに、「今日のお会計ですが…」につなげるべきです。

## カード決済導入で売上は上がる

ところで、最近、ＳＰＡ生からよく受ける相談の中に「カード決済の導入はしたほうがいいですか？」というのがあります。

答えはもちろん、

**したほうがいい！　絶対！**

に決まっています。

カード決済の手数料を気にしますか？

いえいえ、小金を気にして大きな利益を生むことはありません！

「現金を下ろしてからいかないと。あ、予約時間に間に合わないかも」と不安になることと、「お財布空っぽだけど、カード使えるし、そのまま向かおう！」。さて、どちらがお客様の心が軽いでしょうか？

そして、カード派のお買い物は、迷ったときの最後の一押しが、あとから考えよう！　という楽観的なものであるということです。

実際に、当サロンも初期からカード導入をしていますが、圧倒的に名古屋はカード派が多いこともあり、導入してから明らかに売上が上がっていることは言うまでもありません。

ちなみに、手数料をお客様から取ろうとするお店や、○○円以上だったらカード決済可能です！　カード払いはスタンプがつけられません、セール対象外です、などとケチくさいことをいうお店には二度と行きたくないと思うのも人間の心理。

決済の種類ごとに対応が変わるようなら導入などするな！　と叫びたいです。

カード決済の手数料が気になる程度の利益なら、自分の納得のいくメニュー価格を考えるべきです。

# 11 プロの〝お帰し〟が、満席を作る

まさかと思いますが、部屋の中から「ありがとうございました！　さようなら！」と言っているオーナーはいませんよね？　いないと信じたいです。

そう、もちろん外まで見送る！　ということです。

## 感謝の気持ちを込めて最後までお見送り

ショップの店員さんが、なぜか店のフロア外まで、買ったお洋服の紙袋をわざわざ持とうとするのかわからない！　そんな行為はいらない！　という声はよく聞きますが、あれも実はしたほうがいいのでは？　と思う人がいるからこそ存在するのだと思います。

ただ、お家サロンの場合はそれだけではありません。

例えば、家の前が一方通行の場合、駐車場がちょっと狭いとき、お客様の車に傷がつかないように、そして徒歩の方も安全にお帰りいただけるように見送る義務がオーナーにはあると思っています。

そして、私が8年間必ず欠かさずやっていること、このエステオーナーという職業に感謝し、誇りを持ってやっている行為があります。

それは、

**お客様の車、あるいはその後ろ姿が見えなくなるまで頭を下げること！**

です。

これはプロである自分への約束。お客様の後ろ姿に深く感謝し、「当サロンを選んでくださり、ありがとうございます。また、お待ちしています」と気持ちを込めてお礼をするのです。

ご近所さんがいようと、子どもがたまたま外に出てきていようと関係ありません。

その瞬間の自分は、母でもない、そこに住む者でもない、プロのエステオーナーという存在なのですから。

♥ロミナ語録⑭

□お客様はお支払いすると途端に帰りたくなるもの。

□終わりよければすべてよし！

□お帰しこそ、サロンの印象のすべてとなる。

# 第5章

# 長く愛される
# サロンになるための
# 価格設定

例えば、これからお家サロンをやろう！　とメニューを掲げようとしたときに、いちばん最初にペンが止まる瞬間があります。それが、価格設定です。

今まで何人もの迷えるサロンオーナーの個別セッションをしてきて、いちばん悩みの多い案件が、価格設定なのです。

もう、わからないので、ロミナさん決めてください！　そんな方もいます。ちょっと厳しい言い方になりますが、あなたがお家サロンをスタートさせるのなら、経営していくのはあなた。売上を作っていくのもあなた。人に伝えるのも集客するのもあなたです。まずはその自覚を持ちましょう。

趣味でママ友にボランティア同然でする起業なら何も言いません。でも、もし、目の前の人をお客様と呼ぶサロンなのであれば、価格設定もオーナーであるあなたが自分自身で設定してください。

ただ、絶対にやってはいけない価格設定の仕方があるので、第5章では「価格」についてお伝えしようと思います。

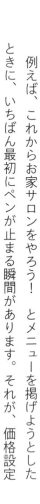

# 1 やってはいけない価格設定とは

いちばん悩みの多いのが「価格設定」であると触れましたが、絶対にこれをやってはいけないし、そもそも何の根拠もないのに、なぜこれを基準にその設定にしてしまうのか、という価格設定があります。

それは、

**周囲のサロンの価格設定に合わせる**

ことです。

えっと、まずあなたのサロンの強みって、ウリって何でしょう？

じゃあ、あなたの作りたい世界観って何でしょう？

で、仮に周囲のサロンはうまくいっているとして、そこはあなたが思う理想のお客様が続々と集まってくるようなサロンになっているのでしょうか？

それなら、周りと価格を合わせてもＯＫ！

けれども、何の根拠もないのに「この地域がそうだから」とかで、なんとなく合わせようというのなら、ぜひやめてください。

そう言われても、いくら頭をひねっても、基準がないからわからない。数字に弱い感覚派のオーナーは大勢いると思います。

実は私もそうでした。

そんな迷えるオーナーに私がお伝えしているメニュー価格の決め方はこれです。

まず、次を算出します。

一人当たりの原価を出し、10倍してください。

はい！　コース価格の出来上がりです！

原価とは、マッサージに使用するオイル代、基礎化粧品代、場所を借りているのであれば場所代、おおよその光熱費などですね！

その価格に違和感があれば、多少微調整してください。

**一人当たりの施術原価×10＝コース代金**

こう決めてください。

〝何となく〟で決めたコース代金は、最初の「どんなお客様でもこのサロンを選んでくれればうれしい。まずは安く設定しておこう」という、プロ意識に反したものなのです。

実際にその価格で未来のサロン経営が順調になったとしても、価格を下げることはいつでもできますが、上げることはなかなかできません。一気にお客様の入れ替えをすることになってしまうかもしれません。

だからこそ、最初の価格設定は、慎重に、ありきたりのおバカな感覚は捨てて決定してくださいね。

## 2 失敗したら、スペシャルコースで穴埋めしなさい

とはいえ、いったん価格を安くしてしまってお困りのオーナーさんからのお悩みは実際多いのです！

「あー、最初に安くしすぎましたね！　残念っ！」とは流石に言えません。

スタート時の状況が、子どもを背負って、お友達のみにしていた！　というSPA生もいます。

アカデミー生の一人、京都のお家サロンAさんは、生まれたばかりの赤ちゃんを背負いながら、お客様にエステを提供していました。

ただ、赤ちゃんを背負っていることに負い目があったのでしょう。安い顧客単価でスター

トを切ってしまい。赤ちゃんを下ろし、保育所に預け、お家サロンを経営するときが来ても、３０００円しかいただけない状態だったのです。

そんなとき、彼女らがまず考えるのが、「メニューを一気にリニューアルしよう」っていうこと。つまりは「一斉値上げ！」ってやつですね。

それもね、全然やってもいいのですよ。一から集客するつもりで。

ただ、今来てくださっているお客様ももちろん大事にしたいですよね。

今のお客様が、新メニュー、つまり価格を上げた後でも継続したお客様になるかもしれないのです！

え、そんなうまい方法があるの？

知りたいですか？

それは、

**スペシャルコースの価格を掲げろ！**

です。

既存のコース価格はそのままに、大きく差別化していて、かつ、キャッチーで原価がけっこうかかっていそうなコースを、特別な日に出す！　のです。

例えば、何周年記念が近ければそれ！

お誕生日企画をスペシャルコースにするのもＯＫ！

クリスマスが近ければクリスマススペシャルに！

女性は特に理由を求める生き物です。何か頑張ったり、特別な日でないと、自分にプレゼントをすることを躊躇する人は多くいます。

そこで、オーナーであるあなたが、お客様の背中をそっと押し、

「受けてもいっかなあ♡」というきっかけをつくって差し上げるのです。

# 3 新コース設定の前にすべきは、モニター募集

新コースの設定時、オーナーであるあなたはとても不安だと思います。

だって、やったこと…ないんだもの。

けれども、スペシャルコースは、それこそお客様の満足度をアップさせ、あなたのサロンの顧客単価自体もアップさせられる！　売り手も買い手もＷｉｎ－Ｗｉｎな方法なのです。

その理由は、サロン側で言えば、いつもは「オプションならいいわ」と諦めていたお客様が、スペシャルコースにそのオプションを含めることでその良さをわかっていただけて、次回はオプションコースを当たり前に予約してくださるようになるから。お客様のほうでは、時間を有効に使うことができ、体もスッキリして、ハッピーなのです！

とはいえ、何か初めてのことをするとき、つまりはチャレンジするときってとっても不安

ですよね。今じゃこんなに自信満々そうに見える私ですら、一人オーナーで自宅サロンをオープンしたときは、本当に緊張したものです。初めてセミナー開催したときもまた数日前からソワソワとしていました。

なので、不安に思うのは当たり前！

けれど、お客様にそんな不安を見せることはプロ意識に欠けること。

そこで、何か新しいコースを始めようじゃないか！　と思ったときにおすすめの方法は、「モニター期間」を設けること。例えば、新商材を使用するのであれば、その「使う商材のみの価格」でサービスを行うのです。

ここで大事なことは、「お客様もハッピー！　オーナーもハッピー！」にすること。

そのために、あらかじめ、モニター募集の際に、モニター募集する意図をはっきりと説明しておくことが大切になります。

「モニターを募集します。商材代金のみでトリートメント価格は無料となりますが、お願いがあります。こちらのコースでどれだけ変化があるかのお写真と、データ、そしてご感想をいただける方のみお受けいたします」

こんな文章で、何をするのかを説明します。そして、

「通常より破格のお値段でさせていただくのですが、お客様のお声を頂戴したいため、また今後のサロン向上のためぜひお越しください」という内容にするのです。

すると、お客様とオーナーにはそれぞれのメリットが生まれます。

《お客様側のメリット》

- いつもハードルが高いと思っていたサロンへ手軽に行くことができる。
- 実はエステが気になってはいたが、最初から通常価格を出すことには躊躇があり、モニター価格なら試せる。
- 新商品を誰よりも早く使用できる（インスタで目立つことができる）。
- 非日常体験ができる。

《オーナー側のメリット》

- これがきっかけで今後通ってくださるお客様が増える。

● データや写真で裏付けができ、効果を他のお客様にお話しできる。
● お客様の声をもらうことでサロンの信用が高まる。
● 人数をこなすことでスキルアップになる。
● 値段を安くしていることで、少しリラックスしながら施術できる。

私は初セミナー開催時に、オリジナルブランド「露」オイルをリリースし、ロミナ式リフレクソロジーとセットで全国のサロンオーナーに技術習得をしてもらいました。

そのとき、集客・オイルの販売方法・オイルにまつわる新コースの作り方などもお話しさせていただいたのですが、そのあとの報告がまー、驚くべきもので（笑）。

今あるコースに、リフレクソロジーモニターを抱き合わせて募集したところ、1日で20名以上も予約希望があったり、プレオープン中に、「露オイル リフレクソロジーのモニター募集します！」と伝えたら、その月の予約が一気に満員御礼となったり、新規客が急増したなどというサロンが多いこと、多いこと！

モニター以外のコースも抱き合わせて予約する人も多いので、目先の利益より少し先を見据えて、モニター募集はうまく活用してください！

《スペシャルコースをつくるステップ》

ステップ１：今あるオプションや商材をフルに使ったスペシャルコースをつくろう

↓

ステップ２：原価を計算して価格設定をしてみよう（原価×10～20倍）

↓

ステップ３：ＳＮＳでスペシャルコースをモニターを数枠（５名ほど）で募集し、お客様の声、写真、数値を取ろう

↓

ステップ４：取れたデータを使用し、ビフォーアフターをＳＮＳで出してスペシャルコースをリリースしよう

♥ロミナ語録⑮

□価格こそアバウトに決めてはいけない。
□なんとなく周りに合わせるやり方はうまくいかない！
□すでに価格を低くしすぎてしまったら、やるべきことは、スペシャルコース！
□開業初期こそ「モニター募集」をやろう！

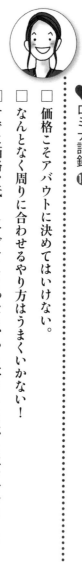

# 4 お誕生日コースは、奥の手

## ●お誕生日にはその方だけのためのラグジュアリーコースを用意する

とうとう出たか！　お誕生日コース！

そうです！　あなたが第4章でお客様のカルテをお誕生日順に並べた本当の理由がまさにここに出てきます。

お誕生日をお祝いされて嫌な気分になる人はいません。大手サロンや飲食店からお誕生日ハガキが送られてくることがあると思いますが、そんなに嫌な気にはならないし、それがきっかけで再来店するかもしれません。ただ、丸見えの中身って嫌じゃないですか？

誕生日当事者以外の家族、郵便屋さんにすでに内容が読まれているわけで、なんだか特別感に欠ける。そして、エステに行ったことが家族にバレる!?

そこで、まず、開業したてで本当にお客様の人数が少ないときは、お手紙を書く時間をとって直筆で書きましょう。いつもいらっしゃる常連様には日頃の感謝を交えながらです。最近いらっしゃらないお客様にはカルテを読んで、懐かしむような内容を。人数が多く、手が回らないときはテンプレートと少しの直筆コメントでOKです。

そして、別紙で、

「〇〇様のためのお誕生日スペシャルコースをご用意いたしました。ぜひ特別な日にこの特別なコースでゆったりとしたひと時をお過ごしください。」

と、いうラグジュアリーコースを〝その方だけのために〟作ってください。

おすすめは普段メニューにないもので、ゆったりとできるもの。掘り起こしをしたいサロンは、「お誕生日期間はすべてのコースを50％オフでお受けできます」でもいいと思います。

どちらのご提案がお客様は嬉しいか？　既存の常連様に聞いてみるといいですよ♡　お好きなほうを選べるのもいいかもしれません。

# 5 長く愛されるサロンになるためのブログの書き方

こんな最終章になってまさかのブログのノウハウ？　と、思うかもしれませんが、最後だからこそ、ここまで読み進めたあなただからこそ伝えたい想いがあります。

これを最初に言っちゃうと、なーんだ、サボっちゃえ！　になりそうなので、ここで入れることにしました。

アメブロはサロンオーナーのお助けＳＮＳだと、ブログ歴10年（現段階で）の内田ロミナは思います。

ただ、ＰＶに踊らされていてはいけません。

実際に、50ＰＶでも、当サロンは３か月先まで予約がいっぱいの状態でした。

「じゃあ、アメブロは意味ないってこと?」と思いますよね?
違います。めちゃくちゃあります。

## ブログは常連様のためと心得る

私は当初1日に3投稿を自分に義務づけ、3か月先まで予約でいっぱいのときもほぼ毎日投稿していました。毎日投稿していると、見てくれる人がほしい! と思うのは自然の摂理。けれども、当時自分自身がPVというものがあると気づいてなかったのです。ノー天気としか言いようがない(笑)。

私の中では、自分と接してくださるお客様が見てくださっていればオールOKだったため、ご来店されたお客様に(特に新規のお客様)に「季節のコースや、ご予約状況はすべてブログで更新しておりますので、ぜひご覧になってください!」と、その場でQRコードで読み取ってもらっていました。

もしくは、携帯(当時ガラケー)で検索してもらってこれです! とする。

さらには、ブログからご来店された方には、「ご予約状況最新版はこちらのブログになりますので、ぜひご覧ください」と促す、でした。

そうです！　50ＰＶの正体は常連様だったのです。

だから、スペシャルコールをブログにあげれば、メールで「あのコースにしたい！」と予約が入り、「新商品入荷！」なら、「次の予約のときに実物を見たい！」と、電話がかかってきました。

さらに、紹介も、「○○さんにすすめられてブログ見てきました！」なので、「詳しくはブログ見ておいてください！」でした。

そのため、私が絶対にしなきゃいけないのはただ一つ。


**常連様が興味のあることしか載せない。**

過去の私のブログをたどっていただくと、面白いことに、自撮りなし、子どももほぼ出てこない、私生活は少し謎です。逆に、美容のお役立ち記事、アーユルヴェーダとは？　なんでこのコースをするといいのか？　ご予約状況、お客様の声、ビフォーアフター、新商品、そんな記事ばかりです。

今は自撮りもたくさん出しますし、書きたいことを書いています。それを見てSPA生がモデリングしようとしますが、「絶対やめたほうがいい」と言います。自撮りはどんな人が接客するかわかるといいので、したほうがいいですが、そのオーナーの私生活まで知りたい人は稀です。いくら1000PVあっても、来店が0ならまったく意味がありません。

お客様が知りたい情報だけを載せましょう。
そうすれば50PV＝50名と同じなのですから。

## 人のことより自分のことに集中する

SNS起業では、まずはモデリング！ 売れてる人のマネをしましょう！ がだいたい基本ですよね。
ただ、当時、お家サロンでブログ集客が明らかにうまくいっている人はいませんでした（ロミナ調べ）。

そこで、私は人の記事はとことん読まず、自分の記事だけに集中しました。お客様にブログを書いているということを、初対面の際に伝えると、中にはずっと見てくださる方がいて、リアルな反響がわかるのです。

はっきり言ってお家サロン１日２名か３名様×20日だとして、大多数の人にやみくもに見られる必要はありません。

いかに自分が楽しく書けるかがポイント。そしてお客様のリアルな反応を受け、そのエピソードを交えて書く、そして、お客様からコース中に受けた質問や疑問をブログで解決していく。

ブログは、一般的には新規の人は見るけれど、常連になるとだんだんと見なくなる、と言われる媒体です。

でも、私のサロンは常連様のブログ読者率が高く、新コースや告知をすると「ブログ見たよー」とすぐ反応があります。

それは、このブログコミュニケーションを大事にしているからなのです。

# 6 ビフォーアフターの本当の役割

ここまで読み進めたあなたは、なんとなくビフォーアフターの写真ってあったほうがいいのだろうな？　そんなふうに思っていると思います。

絶対にあったほうがいいです。

というのも、お客様が得られる未来を想像されるときに、結果の出ている写真なら絶対的にリアルに未来を描けるからです。

某ダイエット会社さんは、そのあたりがとてもお上手だと思います。

自分と同じくらいの歳の主婦、下っ腹がブヨンブヨンで、顔はくすんでいたのが、一気にモデルのような体型、顔色もハツラツ！　そんなのを見たら、「私もなれるかしら？」と思いますよね。

## 掲載許可をくださるお客様がどれだけいるかは、サロンの信頼

けれどもビフォーの写真って、皆さんコンプレックスがあるから断られることも多いと思うのですよ。

というよりは、オーナー自身が「何だか申し訳ない気がして、勧められない」なんて思うわけです。

何が申し訳ないのでしょう?

アフターできれいになった人が口を揃えていう言葉があります。それは、「ビフォーの写真撮っておけばよかったよね」なのです。

もしかしたら、それを持ってその人は商売ができたかもしれない?（あ…違う?笑）。

SNSに、「私、こんなだったの～!」とネタとして載せられたかもしれない。

そうです、撮らないのは、いろいろな可能性をつぶしています。

なので、あなたがオーナーとして、未来のお客様のためにお伝えしなくてはいけないことは、「これから美しくなっていく過程で、初日の写真は絶対的なモチベーションになります。他で出すものではありませんので、記録用としてお撮りしてもよろしいでしょうか？」です。

こう伝えても、写真NGの方はいらっしゃるので、そういう方なら、採寸など、何か違った形で記録を取っておきましょう。

そして、ダイエットコースで美しく変身をされたお客様には、こうお願いしてみてください。

「以前、掲載NGとおっしゃっていましたが、これだけ変化されて私もすごくうれしくて、ぜひこちらを載せさせていただきたいのですが、いかがですか？」と。

目隠し有無を確認したら、「いいよ！」という方もいらっしゃいますので、さらっとお聞きするのがよいです。

最後に、私がビフォー写真を撮る際にめちゃくちゃ気をつけていること、そして、当サロンのビフォーアフターの掲載OK率が異様にいいことの裏付けになるのではないだろうか

と思うこと。それは、

**ビフォーであっても絶対にきれいに撮れ！**です。

よく、ビフォーアフターの差を見せつけるために、あえてビフォーは変なアングルとか、ちょっと暗い照明で撮るなんてサロンもあるようですが、どちらも自分であるならば、「どっちも美しければ掲載いいかな？」って、考えてくださると思うのですよね。

私はビフォーアフターでどれだけ変わったかを見せるより、「ビフォーアフター載せていいですよ」と言ってくださるお客様がどれだけいらっしゃるか。それがサロンの信頼なのではないかと思うのです。もちろんご掲載許可がなければ載せませんからね。

お客様は、今のままでも美しい。ただ、私が手を加えることでもっと輝きを放つのですから！

♥ロミナ語録⑯

□年に一度しかない最大級のイベントを利用せよ！
□あなたは起業女子ではない。サロンオーナーです！
□いいね！より、リアルお客様を増やせ！
□他人のブログを見ている場合じゃない！　自分のブログに集中する！
□私の手で、女性の美を呼び醒ましたい！

# エピローグ ―― お家サロンを開くためのロードマップ

ここまで読み進めたあなたは、ラグジュアリーサロンのオーナーになれる「秘技」を手にしたことと思います。これから、早速実践していくわけですが、ここで質問です。

第1章の内容を覚えていますか？　シーン（笑）

そうです。

人というのは、エビングハウスの忘却曲線でもわかるように、瞬時に忘れる生き物なのです。

しかし、行動こそが人生を変える！

それを掲げている私は、ここであなたに行動するためにすべきことをまとめました。

ぜひ、思い出しながら、行動してください！

## お家サロンを開くためのロードマップ

《第１章》

- 環境を整えていきましょう。
- 環境の一番はまず自分、そして自分の感情を認めていくことです。パートナーシップ、家族という土台を整えていきましょう。
- 8つの準備をして、何の弊害もなく行動できる自分にマインドセットしましょう。
- 自分の欲望に素直に、100個自分の感情を書き出しましょう。自分を深く知ることで、ゴールや目標が見えてきます。
- そして、あなたはついにラグジュアリーサロンオープンの準備を始めます。

↓

《第２章》

- 開業資金７万円の秘密を知り、実際にサロン準備をしましょう。洋雑誌にヒントはいくつも隠れています。工夫次第で開業資金をおさえることは可能です。
- 発信力を養っていきましょう。
- 人は人のストーリーに共感します。ブログやSNS発信をして、自分を知ってもらいましょう。現段階の自分で大丈夫！　恐れないで！

↓

《第３章》
- 行動パターンを知り、実際にその思考パターンで動いてみましょう！
- 行動こそ未来を変える！　習慣を少しずつ変化させて、プロ意識を忘れないで！

↓

《第４章》
- リピーターをどんどん増やしていく流れを作っていきましょう。
- 困ったときは、性格占いカウンセリングを実施しましょう！

↓

《第５章》
- 値段設定を理解し、スペシャルコースを実際に作り、モニターを集め、データを取りましょう。
- ビフォーアフターを使って、実際にスペシャルコースを打ち出していきましょう。
- 集客に躍起にならなくても、お客様からここへ長く通いたい、そう思ってもらえるサロンにしていきましょう。

さて、最後までお読みいただきありがとうございます。

終始熱いメッセージに少々疲れた方もいるかもしれませんね。こんなに熱い文章やメッセージが伝えられるようになったのは、実は私がこの職業と出会ってからです。

学生時代はどこかクールで冷めており、熱いことを言っている人を見ると、「何言ってんだ？」と冷ややかな遠い目で見ていました。

人生一度きり。でも、なんのために生まれてきたのかよくわからない。そんな人生のスタートでした。

けれども、エステという職業を知り、そこに向けて走り出してからは、自分の中で驚くほど熱くなることができました。

大手エステサロンにどうしても入りたかった高校時代。栄養士免許を取ったほうが他と差がつけられる！　とリサーチし、栄養士免許を取得できる短大に入学。

そして就職面接時には、「このエステサロンに入社できなければ浪人も覚悟しています！必ずまたチャレンジします！　私は絶対に全国ナンバーワンの指名エステティシャンになります！　全国どこでも行きます！」と、そんなふうに言える自分にびっくりしていました。

その後も、掲げた目標は必ず達成し、いつしか周りも期待をしてくれるようになりました。


私には何もない。

でも、何もなくていい。

何もなければ作っていけばいい！

生きる意味だってなくてもいい！

自分が納得できる意味を作っていけばいいんだ。

そして、今はどんな自分でも素晴らしいと思える。

もし、失敗しても、人に選ばれなくても、自分は尊い。

そう思うことができたのは、自分という人間をただ認められる度量ができたということだと思うのです。その、ツールが私にとってはエステというものだったのです。


だからもし、自分に自信が持てない…

だから一歩踏み出せない…

そんなふうに思っていたとしても、大丈夫！

自信のなさはお客様の気持ちがわかる第一歩だから、一緒にオーナーも成長していけばいいのです。

最後に、この本を最後までフォローしてくださった星渉先生、評言社の安田喜根社長、小松初美様、森井二美子様、STAR CREATIONSの伊集院尚子様、いつも応援してくれるSPA生のみなさま、たくさんの学びを与えてくださって、選んでくださるお客様、本当にありがとうございます。

私がこの世界に足を踏み入れるきっかけをくれたお母さん、いつも見守りながら応援してくれるお義母さん、ありがとうございます。

かりん、りくと、ことは、いつもありがとう♡　あなたたちの笑顔がママのガソリンになっているよ。

そして、今回ちょっとした昔話を書くことを「いいんじゃない」と快諾し、「うちでサロンやればえーんちゃう」と言ってくれた夫に、最大の感謝を述べたいです。

ありがとう！　これからもよろしくお願いしますね。

そして、ここまでお読みくださったみなさま、
大好きです！
ありがとうございます。

２０１８年10月27日

内田露美奈

《開業資金7万円のリストのデータが入ったPDFをプレゼント！》

この続きのエピソードが購読できる、お家サロンを成功に導くための7日間のメール講座「ロミナ部」無料購読が可能です。
ご購読はこちらを読み取ってご登録ください。

《著者略歴》

**内田 露美奈**（うちだ・ろみな）

1984年名古屋生まれ。栄養士免許をもち、食の栄養から見直すダイエットカウンセリングを得意とする。エステ業界最大手であるたかの友梨ビューティクリニックに入社。顧客をダイエット準グランプリに輝かせた敏腕エステティシャンとして、これまでに延べ1万人以上を接客、施術。

2011年、自宅賃貸マンションにて「アーユルヴェーダホームサロン Cuti」をオープン、半年で月商7桁を達成。1年以内に予約3か月待ちの人気サロンとなる。2014年には、名古屋市に拠点を移し、戸建てを自らデザインし、理想のエステサロンを構築。自宅併用サロン「Ageless Retreat Cuti」としてリニューアルオープン。自分が楽しむという生き方、「自由に美しく働く」を推奨している。

2017年6月より、開業資金7万円からラグジュアリーお家サロンのオーナーになれる少人数スクール、サロンプロフェッショナルアカデミー（SPA）を開講。

2018年6月にオリジナルブランド「露」を立ち上げ、全国のサロンオーナー、お客様から支持を得ている。

開業資金7万円から始める**ラグジュアリーサロンのつくり方**

2018年 11月 15日　初版　第1刷　発行

著　者　内田 露美奈
発行者　安田 喜根
発行所　株式会社 マネジメント社
東京都千代田区神田小川町2-3-13 M&Cビル3F（〒101-0052）
TEL. 03-5280-2530（代表）FAX. 03-5280-2533
http://www.mgt-pb.co.jp
印刷　㈱シナノ パブリッシング プレス


ISBN978-4-8378-0485-7 C0034
定価はカバーに表示してあります。
落丁本・乱丁本の場合はお取り替えいたします。